地域の課題を解決するクリエイティブディレクション術

はじめに

今、地域に必要な重要な人材のひとつが、クリエイティブディレクターであるのは間違いありません。

僕は広告業界にかれこれ28年。

旭通信社（現ＡＤＫ）に入社してほぼ全業種の大手企業で多くのキャンペーンを担当し、２０１４年に独立、クリエイティブ・ブティックＰＯＰＳを設立し活動しています。

Creativity for Local, Social,Globalを掲げ、現在、全国38都道府県以上で自治体やローカル企業のブランディングやプロモーションに携わっています。

大手企業やローカル企業のソーシャルプロジェクト、グローバルコミュニケーション、GOOD DESIGN EXHIBITION2015～17のクリエイティブディレクション、長編コンテンツの脚本なども手がけています。

おかげさまでSpikes Asia, ADFEST, NY festival, short short film festival & Asia, ＡＣＣ賞、日経広告賞、毎日広告デザイン賞、消費者のためになった広告コンクール、トロント国際映画祭での公式上映など国内外でも評価をいただきました。

広告会社在籍時には国際広告祭の審査員をつとめたり、今は各地の大学や公共機関などでの講演も多数行っています。

本書は、地域で活躍する、

・クリエイティブディレクター、コピーライター、アートディレクター、デザイナー
・映像制作会社やフリーのプロデューサーやカメラマン、演出家
・観光ＤＭＯなどの地域プロデューサーや地域おこし協力隊の方
・広報や地域・産業振興などを担当する自治体職員
・企業の経営者や広報、宣伝、商品開発担当者
・地域産品を内外に広めたいと考えている生産者
・マーケティングやクリエイティブ関連を教える教育関係者

など、地域を対外的に情報発信していきたい、地域の情報発信をなりわいとする方たちに読んでいただきたいと思い、まとめてみました。

ほかには、都市部に住みながら、

・地域の仕事に関わりたいと考えているクリエイティブディレクター、コピーライター、アートディレクター、デザイナー
・映像制作会社やフリーのプロデューサーやカメラマン、演出家
・物産、観光などの地域振興に関わる省庁職員
・マーケティングやクリエイティブ関連を教える教育関係者

など、これから地域に関わっていきたい人たち、もしくは現在、都市部から地域振興に関わっている方たちにもぜひ読んでほしいです。

そして、地域、都市部関係なく、

・クリエイティブディレクターを目指す人たち

クリエイティブディレクション術というのは、クリエイティブディレクターによって人それぞれで、僕自身も体系立てて教えてもらった記憶はありません。

観光や移住定住などの地域のシティプロモーションも、地域企業のブランディングも、ど

のクリエイティブディレクターとプロジェクトを進めるかを決めるかで、その良しあしはほぼ決まると僕は思います。

そのためにも、クリエイティブディレクションという職能をなるべく体系立てて、その思考技術をわかりやすく解説することを心がけました。

予算のことなど地域のクリエイティブワークにおける事情を考慮しながら書いていますが、結果的にはクリエイティブディレクターを目指す人にとっても、ひとつの指針となる本になったのではと思っています。

もちろん、僕のクリエイティブディレクション術がすべての人にとっての正解ではないのですが、ひとつのベンチマークにしていただいて、使えるものは取り入れてもらうとよいのではと考えています。

そもそもなぜ本書をまとめたいと思ったのかの理由のひとつに、日本のクリエイティブ格差をなくしたい！　がありました。

ひとことで言うとそういうことになります。

これについては本書で何度か触れていますが、日本において都市部と地域には、教育、賃金、交通機関、文化施設などいろんな格差があるのが現実だと思います。

その中で僕が感じるのが情報発信におけるクリエイティブ格差。

情報発信と言うと堅苦しく感じるかもしれませんが、伝えること全般だと理解してもらえるといいかと思います。

観光や移住情報などの地域のこと、地域にある企業や商品のこと、地域のものづくりのこと、地域産品のことなどに関わる伝える技術が都市部に比べるとまだまだ伸びしろがある。

逆の言い方をすると、ものづくりは上手なのに、伝え下手。都市部は地域に比べればある程度は伝え上手。ですが、世界で見ると日本は相対的に伝え下手な気がします。

日本各地に行くと、いいものはたくさんあるし、いいものをつくる技術も愛情も哲学もホントにほれぼれするくらい。でも、商品や企業コンセプト、ロゴやパッケージデザイン、サイト、紹介動画などにおいては、いいものもあるのですがもったいないと思うことがたくさんあります。ものづくりと伝え方が分断されていて、いいものをつくることにはあんなに必死なのに、いい伝え方をするということにあまりにも無頓着すぎるのです。

「食べてみればわかる！」

「使ってもらえばわかる！」

「来てもらえれば好きになる！」

そういう気持ちもわからなくもないのですが、食べてみなければわからない、使わなければばわからない、来てもらえなければ好きになれない、では届かない人が多数いるということ。闘わずして可能性を自ら放棄している状態。

結果的にものすごく損をしていることを、もっと敏感に意識してほしいのです。

食べる前に、使う前に、来てもらう前に、とっくに勝負は始まっているのだと……。

その点において、大きな企業や都市部は伝わることの重要性をある程度、理解していて、だからこそ伝えるためのアイデアを含むクリエイティブに投資をするのです。

これが世界的な企業であればなおさらです。

確かに日本のものづくり、特に地域色豊かなものには個性も技術もあり、素晴らしいと思いますが、それは世界中の地域、どこも同じです。

よく、日本人は日本のことをものづくりやおもてなしが素晴らしいと特別視しがちですが、どの国の人たちもそれぞれに日々、切磋琢磨しているのが現実です。

世界のそれぞれの国における地域も同様です。

そして今、世の中の情報のインフラはSNSがメイン。そこで話題になれば地域から日本中、世界中へと広がっていく可能性がある。極端な言い方をすれば、SNSで取り上げてもらえなければ存在さえ知られないまま、時ばかりが過ぎていくのです。

地域のものづくり現場も、観光や移住定住を見すえた地域プロモーションももっと情報発信の重要性、その伝え方が勝負を大きく左右することを知ってほしいと思っています。

「中身はうちのほうがいいのに」

「言いたいことすべて伝えたはずなのに」

そんなボヤキを仲間内で言い合ったところでモノも人も動いてくれません。

情報発信におけるクリエイティブの効力を知って、その力を十分に使いこなしてほしいと切に願います。

クリエイティブの効力に気づいている企業や地域だけが得をしている状況も不公平な感じがして個人的には嫌なことです。

気づかないほうが悪い、と言えばそれまでなのですが、地域の未来を大きく左右していく視点であることは間違いないと思います。

日本のクリエイティブ格差をなくして、地域が地域自身の力を思う存分に発揮していくためにも、ぜひこの本を活用してほしいのです。

本書は地域からの情報発信のポイントを各章にわたって何度も書いています。

予算も限られている、地域からの情報発信がなかなかうまくいかない、何から手をつけていいかわからない、そんな悩みをお持ちの方にヒントをつかんでいただければと思います。

そして、地域からの情報発信のテクニック。

クリエイティブディレクションという職能に沿って、体系的かつ段階に沿って必要な思考テクニックや留意する点を網羅しました。

「ＳＮＳの使い方がいまいちわからない」

という方などは、該当する章から読んでいただくなど、自身の足りない部分や弱いと感じているところから読み進めていただくのもいいと思います。

クリエイティブディレクター　田中淳一

第3章 地域ならではのアイデアの見つけ方、戦い方～企画篇―― 137

装丁　グリッツデザイン　日高英輝　三浦由佳
イラスト　浅妻健司
校正　鷗来堂
編集協力　小田明美

序章

いま、地域のクリエイティブに足りていないもの

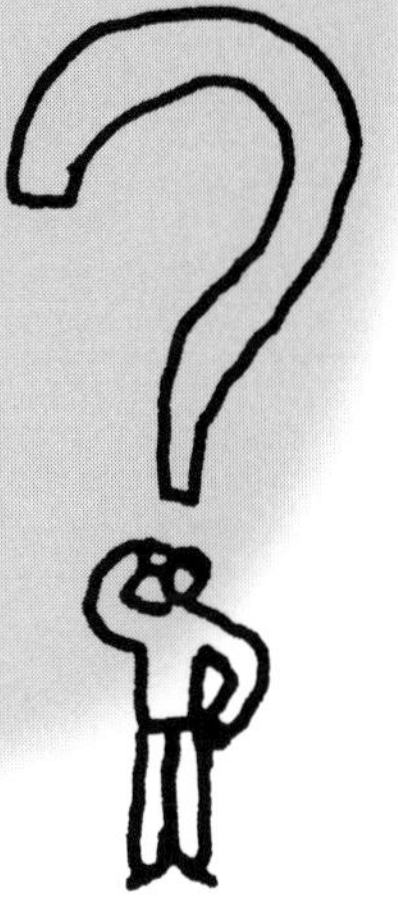

クリエイティブディレクターこそ、日本、そして地域にとって確実な光明である理由

クリエイティブディレクターってどんな役割？

世の中にはさまざまな課題があります。

僕が考えるクリエイティブディレクターの役割とは、クリエイティブで経済課題や社会課題を解決する人のことだと考えています。

もちろん人それぞれでいろんな定義づけがあると思います。

これまではクリエイティブディレクターが得意とするのは、モノを売れるようにしたり、企業活動を円滑にするなどの経済課題が主流でしたが、最近ではＳＤＧｓなどに象徴されるような社会課題をクリエイティブで解決する場面も増えています。

さまざまな課題を解決するには、インフラを整えたり、生産技術を向上させたり、学校をつくったりなどハード面で行うものと、デザインを見直したり、伝え方を変えたり、人材を育成するなどソフト面で行うものがあります。

クリエイティブディレクターはアイデアやデザインなどを含むクリエイティブ技術を駆使しながら、主にソフト面で経済や社会課題を解決するプロフェッショナルだと、自分の中では定義づけています。

日本はハード面で経済や社会の課題を解決する技術や知恵は世界にも誇れるレベルにあり、実際、評価されてきたと思います。

ただ、ここに来て露見しているのが、ソフト面での課題解決力の弱さ。

デザイン経営などの言葉が最近注目されているのもその一端だと思います。

クリエイティブディレクションは、俯瞰《ふかん》から課題を見つめ、時代や生活者との向き合い方を見定め、戦略を練り、効果的なアイデアを導き、そのときどきで適切なクリエイティブ技術を駆使し、ソフト面から課題を解決していく統合的な職能です。

今の日本全体、そして、地域にとってクリエイティブディレクターの存在こそ、ひとつの確実な光明になると信じています。

そのお土産、道の駅以外でも売れますか？

地域の仕事での大きな楽しみのひとつが、各地の道の駅を訪れること。朝採れ野菜には育てた人の名前が記載してあったり、その場所ならではの暮らしの営みが垣間見えて、なんだかほっこりして。僕にとって道の駅は、ひそかなヒーリングスポット（笑）。地元の人はもちろん、遠方からのお客さんも訪れる人気の観光場所になっている施設も多くあるのですが、北海道から沖縄まで、どの道の駅でもよく見かける商品があります。

「○○おばあちゃんの手作りクッキー」。

その名のとおり、地元の素材を使い、手作りで地元の女性たちがていねいに仕上げた素朴な風合いのもの。僕も大好きで各地でよく買って食べています。でも、似たような名前&風貌の商品が、全国の道の駅に置いてあるんです。その地域の素材や、地元で受け継いできた調理法などにこだわり、地域色の濃い商品のはずなのに、ネーミングも使われている書体（たいてい、太めの手書き風）も、添えられているおばあちゃんのイラスト（たいてい、メガネをかけて座布団に座っている）なども、どことなく似通っています。東北でも、四国でも、九州でもこの傾向は同じ。各地の「○○おばあちゃんの手作りクッキー」を一堂に並べると、きっとどの地域のものかパッと見ではわからないと思います。

この既視感は「○○おばあちゃんの手作りクッキー」だけではありません。最近、各地の道の駅で増えている地元木材の香りを抽出してつくったアロマオイル。流行りの書体と表参道のセレクトショップにもありそうな風貌のパッケージが地域をまたいで並んでいたり。

これらに出会うと、いつも、もったいないと感じてしまいます。このクッキーやアロマオイルがこの地域ならではの商品であることを伝えきれているのかなと……。「手作りクッキー」や「アロマオイル」という世の中に知られている商品カテゴリーが持つ、一般的なイメージから着想したネーミングやパッケージデザインになっていると感じます。その地域の素材やその場所ならではの製法、そこに暮らす人がつくったところから発想されてないというか。道の駅という、地域産品を目当てに買いに来る人を相手にするだけであれば、そのクリエイティブで事足りるかもしれません。

でも、やっぱり、ものすごくもったいないなと思います。

この商品がのぞまれる場所やチャレンジできるマーケットは、この道の駅だけでなく他にもたくさんあるのに、その可能性をこのクリエイティブが閉ざしてしまっている気がしてならないのです。

ものづくりだけでは届かない

僕は今、38都道府県以上で自治体や地域企業、NPOなどのさまざまな案件に関わっています。各地を訪れて思うのは、日本の地域には、加工品や農産品など、いいものづくりをしている企業や団体、人々がたくさんいるということ。しかも、そのどれもが地域色豊かで、変化に富んでいる。

独立前につとめていた広告会社では海外での仕事に携わる機会も多く、さまざまな場所でその国や都市のものづくりを見てきました。自分が日本人であることを差し引いても、食なども含め、日本のものづくりは細やかで完成度が高いと感じてきました。

いろいろな点でそう思うのですが、ものづくりへの職人的なこだわりと、ものを通して相手をもてなしたい気持ちを日本人は強く持っています。海外の人からすると、日本の地酒や民芸品は採算を度外視したものが多いと見えるようです。全体的にお値段以上にがんばりすぎる傾向なんでしょうね。

ただ海外と比べて残念なのは、ものづくりで完結してしまっている事例がほとんどだということ。

これは地域産品だけに限らず、日本全体が抱えている課題だと思います。ソニーを始め、「メイド・イン・ジャパンは素晴らしい！」の評価が世界を席巻し、かつて日本の家電メーカーが世界のブランドランキング上位に名を連ねた時代がありました。当時、僕らのような広告クリエイターへのテレビCM制作のオリエンシート（仕様書）に並んでいた言葉は、〝最先端〟〝最小〟〝最軽量〟〝フルスペック装備〟など、ものづくりにおけるスペックを称賛する言葉がほとんど。それらを印象的に伝えてほしいというものばかり。スペックを世に伝えていくことで商品は知られ、国内外でものが売れる時代でした。

でも世界の国々でものづくりの技術レベルが上がった今では、もはやスペックだけでは、競争を勝ち抜けません。ブランドランキングでも、かつての日本企業のポジションを他のアジアブランドが占めています。

地域のものづくりにもその波は着実に押し寄せています。アマゾンなどのＥＣの進化で、僕らは欲しいものを世界中から選ぶことができるようになってきました。

ここで認識してほしいことがあります。

いいものをつくりさえすれば売れる時代はとっくに終わっているということ。そして、いい伝え方をしないと生活者には届かない時代がとっくに始まっているということ。日本を代表する企業も地域のものづくりの現場も、この状況は同じです。

生活者に味わってほしい〝ものがたり〟をしていますか?

〝ものがたりづくり〟の発想が必要

世界的なブランド力を誇るアップル。製品に使われている部品には、日本をはじめ、さまざまな国のものづくりの粋が集積しています。しかしアップルの広告表現には、〝世界最小・最軽量・フルスペック装備〟などの自慢のスペックを羅列するものは、ほとんどありません。伝えているのはアップルがその製品を通して、僕らに味わってほしい〝ものがたり〟です。

新型iPhoneに高画質カメラが搭載されるときでも、その最新のスペックをただ伝えるのではなく、そのカメラがあることによってこれまで以上に親子やきょうだいのつながりがエモーショナルになるといった、商品がもたらすパーソナルストーリーを表現したりします。アップルが新スペックに込めた想いを〝ものがたり〟にして伝えています。

10年ほど前、いくつかの海外広告祭の審査員をやっていた時期がありました。欧米、南米、アジアなどさまざまな国のクリエイティブディレクターたちと各国の広告表現について話をする中で、日本でいくつかの広告賞を受賞していたポスターを前に気になる言葉を投げかけられたことがありました。欧米でも活躍するフィリピン人のクリエイティブディレクターから、

「ジュンイチ、このポスターのクラフト的な出来栄えが素晴らしいのは間違いないけど、いったい、この商品が僕らに何を訴えたいのかが伝わってこないんだよ」

と言われてはっとしたのを今でも覚えています。

商品のスペックが卓越した美しさでデザインされているけど、そのスペックが生まれたストーリーが感じられないのだと……。これは、海に囲まれあまり広くない国土の中に1億2000万人ほどのマーケットを有する日本だからこそ生じた状況だと思います。マスコミュニケーションが効率よく機能し、日本全体の共通の生活者意識を構築できた経済成長時代。いいものをつくり、そのことを真っすぐ伝えさえすれば売れる。マーケティング的にはある意味、恵まれた状況に置かれていた時代が続いたのが日本だと思います。海外の国々は違います。

数世代前からアメリカは人種のるつぼですし、さまざまな言語、文化を持つ人たちを相手にものを売らないといけない。東南アジアやヨーロッパは隣国と地続きで、インターネットが登場するはるか昔から、物品や情報が他国から日常的に流れ込んでいました。

自分の国で開発した技術やスペックが常に外からの波にもまれ、すぐに均質化していく状況。ものを売る、知ってもらうのに苦心し続けた結果、ものづくりに加えて、ものがたりづくりが必要だと早くから気づき、それを実践してきたのです。

これは何も、海外の老舗ファッションブランドやグローバル市場を狙う商品やITサービスだけの話ではありません。今や日本の地域も同じです。

地域にこの状況をもたらした要因は大きく2つあります。

ひとつめは、インターネットの登場で生活者は時間、場所、マスメディアにしばられることなく世界中のものを知ることができるようになったこと。アマゾンなどのECサイトでは、大手メーカーのブランドと地域企業の商品がフラットな状態で比較され、SNSでのユーザーレビューも自動で翻訳され簡単に国境を越えていきます。

2つめは、日本はしばらく人口減少時代に入りマーケットの縮小が続くこと。これからの日本では、つくれば売れる時代は終焉を迎え、これまでと同じ量をつくっても確実に余ります。その中で生き残っていくには、価格競争を受け入れるか、付加価値をつけてより高い値段でも買ってもらえる道へ進むのかのどちらかです。価格戦略も中途半端、付加価値も曖昧というような中間のポジションを維持する余力がどんどんそがれていくのが、これから日本のマーケットが迎える状況だと思います。そして、地域のものづくりの現場は、人材不足も深刻です。その中で価格勝負の道を進むのは現実的ではありません。
地域がこれらの状況に対応していくには、地域のものづくりも、〝ものがたりづくり〟から発想し、いいものだけでなく、いい伝え方も一緒につくっていくことが大事なのです。

ものがたりづくりに必要なのはリサーチとコンセプト開発

ものがたりをつくるときにまずすることはリサーチです。僕自身は、大きく分けて3つのリサーチを実践しています。

①商品のリサーチ
②想いのリサーチ
③生活者のリサーチ

広告会社では、いわゆる大企業の案件だと（広告会社によって呼び名は違いますが）、「ストラテジックプランナー（戦略プランナー）」という役職があります。その名のとおり、クリエイティブ開発のために必要なリサーチを行い、戦略を立ててクリエイターに橋渡ししてくれたり、企業（クライアント）がオリエンのために整理したデータをクリエイターに解説してくれたりします。が、地域の仕事でそのために人を立てることはなかなか難しいですよね？　僕も、広告会社を辞め地域の仕事をするんだ！　と決めて飛び込んだものの、当初は「えっ、それも自分でやるしかないのか！」とよく面食らってました（笑）。

では、３つのリサーチについて、順に見ていきましょう。

①商品のリサーチ

オリエンシートで目にするのが、主にこの情報。いわゆるスペック的な要素です。ものがたりをつくる上でも大事な骨格になる要素なのでオリエンで伝えられたら、インターネットや店頭などで自分なりに競合商品と比較するなどリサーチを重ね、知り得た情報を整理しましょう。

ものがたりづくりに重要になってくるのが②と③です。

②想いのリサーチ

ほぼすべての商品やブランドは、何らかの課題がありそれを解決したいというきっかけで生まれています。世の中の何かの、誰かの役に立ちたいという想い。これは社長や開発担当者、生産者などに話を聞くことで見えてきます。

「こんなのができたから売る方法を考えてくれ」なんていう商品もなくはないと思いますが、それこそ賭けのようなもので、市場に受け入れられる確率は低くなります。ものづくりに込められた想いはとても大切な要素なので、しっかりと自分の中で腹落ちさせることが大事です。

③生活者のリサーチ

プロのマーケターがやるような市場分析までする必要はありません。まずは、クライアントが想定しているターゲットがズレていないかを自分なりに考えて、リサーチする。そのターゲットが普段どんなメディアに接触しているかなどの情報入手経路や嗜好《しこう》性などを、ネット調査や周囲の人へのインタビューなどを通して調べていきます。これらのリサーチを地域クリエイターが実践するコツについては第1章で触れていきます。

リサーチと共に大事なのがコンセプト開発です。

コンセプト開発はものがたりをつくるために最重要作業と言っても過言ではありません。

コンセプトさえしっかりと設定できれば、クリエイティブワークはおおかた完了したも同然です。

地域のクリエイターに向けたセミナーでも、コンセプトワークの話には大きな反応がありますし、みなさん悩まれるフェーズでもあります。コンセプトワークについてはじっくり解説していきます。

コンセプトだけでも、アウトプットだけでも伝わらない

コンセプト開発がクリエイティブワークフローで最重要項目であることは間違いありません。ただ、そのコンセプトを具現化していくこともクリエイターが任される大切な仕事です。

ありがちなのが、コンセプトのないアウトプット。

ポスターやパッケージ、動画など、表現としては美しかったり、面白かったりするのですがコンセプトがないために、ものがたりとして機能しきれていないものです。

そのようなアウトプットは、ただ美しい、ただかっこいい、ただ面白い、という読後感になってしまいがちです。深度が浅いのです。

頭に認識されても、心に刻まれない。知ってはいるけど、何とも思わない。そんな状態。

これでは、広く伝わっていきません。

コンセプトはしっかりしているのに、表現がそのコンセプトから離れていることもよくあります。心には残ったけど、それが商品と結びつかないという事態。

オリエン、リサーチを経たコンセプト開発から、そのコンセプトに基づいたアウトプットまでを一連で、しかも道を踏み外さないように根気強くディレクション（方向づけ）していくスキルが必要になります。

頭に残り、心に刻まれたアウトプットが商品と結びつく方法

地域に足りていないのは、クリエイティブディレクションだった

アートディレクターやデザイナー、コピーライターという職種は、地域でも比較的市民権を得ていると感じますが、クリエイティブディレクターはまだまだ知られていない存在です。以前、手がけたプロジェクトについて地元の新聞社から取材を受けたとき、「クリエイティブディレクターという肩書がわかりにくいし、長いので、企画者、としてもいいですか?」なんて言われたこともあります。

広告業界で言われているクリエイティブディレクションとは、

①依頼された事案における課題の発見
②課題を解決するためのアイデアの開発
③アイデアのアウトプットのクオリティ管理

この3つを遂行するスキルを駆使し、最終の形になるまでクリエイティブ業務の総責任者として正しく方向づけ（ディレクション）し続ける役割です。

地域のクリエイターにはデザイナーとコピーライターを兼ねていたり、時には映像の監督も自分でやるマルチな方々がたくさんいます。予算の都合でそうせざるを得ないのが実情であるケースが多いのですが、一人何役もできることがクリエイティブディレクターではありません。

クリエイティブディレクションとは、クリエイティブワークにおいてのスキルなのです。スキルを身につけると、地域のクリエイターはより主体的に地域の企業や自治体と関わることができるようになります。地域にとってもそのような人材がいることは、地域そのものや、地域のものづくりの魅力を日本中、世界中へと発信していくための強い武器になります。

クリエイティブディレクターが不在のプロジェクトは、さまざまなフェーズをつなぐことができず伝え方が一気通貫しなくなり、情報発信の効率がグンと落ちがちです。大きな予算をかけられないプロジェクトが多い地域では、投資効果を考えると致命的ダメージです。

メディア予算などを多くかけられない地域のプロジェクトこそ、クリエイティブディレクションというスキルを取り入れていくことで、ものづくりとものがたりづくりを連動させ、より効率よく、効果的に情報発信ができるようになります。

いきなり手を動かして企画・デザインしていませんか？

オリエンを受けたら、まず何をしますか？

そのまま机に向かい、手を動かして企画やデザインをスタートさせていませんか？　地域に限らず、そんな作業手順のクリエイターは多いと思います。

もちろん、いきなり独創的なアイデアが舞い降りて、素晴らしい施策、結果へとつながることもあるかもしれません。が、クリエイティブをなりわいとする場合、そのスタイルを何十年も続けていくのは、結構、しんどい気がしますし、クライアントを成功へと導くプロとしては少し心もとないと思います。

「成功体験ではなく失敗した話も聞かせてください」

そんな質問をセミナーで受けることがときどきあります。そのときは「プロなので失敗はしません」と答えています（笑）。

どんなにおいしくて見た目もいい野菜を1シーズンだけつくれても野菜づくりのプロとは呼べない。そのクオリティの再現性をつくるたびに担保できるのがプロだ。農家の人のそんな話を聞いたことがあります。

ちょっと嫌なヤツに感じるかもしれませんが、農家でも工芸品をつくる職人でも失敗作の確率が多い人は、プロとしては認められないのではないでしょうか。

アイデアという、一見とても曖昧に見えて、つかみどころのなさそうなものでも、依頼をいただき、フィー（報酬）を受け取り、クリエイティブワークを実行していくプロとして任されているのであれば失敗は許されない、と僕は思います。もちろん、成功の度合いは違ってきます。

野球にたとえると、ホームランや3ベースヒットの確約はできないけど、必ずヒットは打ちます。そんな心づもりで依頼案件に向き合っています。

失敗するリスクを消して、プロモーションとしての合格点は必ず超える。そのためにも、クリエイティブディレクションというスキルが非常に役に立ちます。

このスキルを身につけることで、提案する内容に対して思考過程も整理され、プレゼンテーション時にも筋道立てた説明ができるようになり、結果、競合コンペの勝率も上がるかもしれません。

各地を回ってわかった地域クリエイターの現状

地域のクリエイター向けのセミナーや、地域のプロジェクトで地元のクリエイターたちと一緒に仕事をするときに感じることがいくつかあります。

それは、地域のクリエイター人材のクリエイティブスキルにバラつきがあることです。

これは都市部、主に東京のクリエイターのほうが優れていると言っているわけではありません。地域にも素晴らしい活躍をしているクリエイターも多くいますし、僕自身、みなさんから学ぶこともたくさんあります。ただ、クリエイティブワークを独学で身につけた人が多いということは感じます。

クリエイターという職種上、最終的にはクリエイター自身の個性も大きなセールスポイントになるので大切なことなのですが、相手に自分のアイデアを伝えるとき、また個性を開花させる上でも、体系的なやり方を身につけていることは、とても大事ですし、役立ちます。

歌舞伎の世界で次々と新しい風を巻き起こした歌舞伎役者の故中村勘三郎さんが「勘三郎さんの演技は型破りですね」と記者から言われ、それに対し「何言ってやんでい！　型破りって言うのはなぁ、型があるから型破り、型がなければそいつは単なる型なしなんだよ！」と返した有名なエピソードがあります。

僕もクリエイターとしての個性を出すことばかり気にしていた時期、この言葉に出会って気持ちが楽になったのを覚えています。

まずは型を身につけないと、型破りな演技はできない。

センスや特殊技能のように思えるクリエイティブという職能においても、僕は同じだと思っています。

大手の広告会社などではクリエイターの人材育成システムも整っていますし、会社の枠を超えてプロの指南を仰げる講座を受講する機会も多くあります。

逆に地域の場合は、早くから実践の場を与えられるチャンスが多く、特に若い人にとっては、自分のアイデアが形になりやすい環境ではありますが、その分、いわゆる型を知る機会が限られるのではと思います。

また、アイデアというものに対する対価が認められにくいというのも地域でクリエイティブワークをする上での大きな課題であると切実に感じます。これは、今後、僕も声を大にして地域企業や自治体の方々に伝えていきたいです。

国内外問わず大きな企業では、ふさわしい報酬で雇った才能あるクリエイティブディレクターが経営者を支えているのが今や常識になりつつあります。少し指標は違いますが、デザイン経営に積極的な企業ほど、売り上げが上昇しているというデータもあります。

経営規模は違えど、地域でものがたりをつくれるスキルが、地域企業や自治体の未来にとって重要な役割を担う。そのために地域クリエイターが果たす役割が大切だということ。そして、アイデアはタダではなく、成功の鍵を握る知的生産物であるということ。地域の人たちにも、もっと知ってほしいと思います。

地域に知見のあるクリエイティブディレクターが増える未来はもっと明るい！

地域にはクリエイティブ格差がある

最近感じるのが、地域間でのクリエイティブ格差が生まれつつあるということ。これは東京と地域の話ではありません。

地域にいながら、東京や大阪など他の地域からプロジェクトを依頼されるクリエイターも多くいます。これはとても喜ばしいことです。本来、クリエイティブというものは、比較的場所にしばられることなくできる仕事のひとつですし、豊かな自然環境の中にいるからこそ浮かぶアイデアや表現できるものもあると思います。彼らが手がけるのは都会の仕事だけではありません。こうした地域では、クリエイター同士が互いに刺激し合い連鎖して、地域のためにすてきなデザインやプロジェクトを生み出しているケースも多いのです。

一方でクリエイティブの力を利用しきれていない地域がまだまだ多いのも事実です。

たとえば、印刷会社が印刷を受注するためにサービスでロゴ開発やパッケージデザインをしたり、地元放送局がＣＭ出稿してもらう見返りとしてバーターでＣＭをつくったり。もちろん、それらがすべて悪いクリエイティブで役割を果たしてないとは限りません。

ですが、本来、情報発信において大切なフェーズである、ものがたりづくりがおざなりにされ、結果、投資効果に見合った結果を導くことができていないケースが多いと感じます。

地域間でのクリエイティブ格差は、そのまま地域力にもつながっていきます。

全国区の人気商品が次々と生まれたり、海外での取引先を増やす地産品が多く登場したり、海外のツーリストが注目する動画があらわれたりする地域。その裏には、ものがたりづくりに長《た》けたクリエイターの存在があるはずです。地域で活躍するクリエイターが増えることは、そのまま地域の活力につながるのです。

地域にもっとクリエイティブディレクターを育てたい

コロナ禍を経て、都市から地域への移動が全世界的に起きています。東京やニューヨーク、パリのような大都市から地域へ移住したり、二拠点生活を始めたり。新型コロナが今までの働き方や暮らし方を見直すきっかけになり、地域にいながら都市部や世界とつながって仕事をするスタイルがもっと広がっていくと思います。

そうすると何が起きるか。

地域に新しい息吹が吹き込まれて、ものづくりの現場も活性化していく。そのとき、ものがたりづくりのできるクリエイティブディレクターがその場にいてほしいのです。

これから地域でものづくりや地域づくりをする人たちには、情報発信を最初からセットで考えてほしい。ものやサービスができてから、情報発信を設計していては、時すでに遅し、という事態になることがほとんどです。

何をつくったか、だけでなく、何のためにつくるのか、そのためにどのようにつくるかが設計されていないと受け入れられない時代になっているからです。この傾向は次の消費活動の中心を担っていくミレニアル世代やZ世代（1980年代序盤から1990年代中頃生までを指す）と言われる若者たちほど顕著だと言われています。

ゴロがいいからという理由で安易に決めたネーミングや、流行りの書体から選んでつくったロゴでは、ものづくりに込められたものがたりを伝える機会を最初から手放してしまっているのと同じです。

超情報洪水の中で生きる私たちは、情報をスルーする能力が年々高まっているとされます。自分に不要な情報は瞬時に見切って頭に入れさせない。特に広告などのいわゆる宣伝物はスルーされる優先度が高いと思って間違いありません。そんな時代の中で、情報発信のスキルはこれからより高度化し、重要になっていきます。

地域に情報発信のスキルを身につけ、ものがたりづくりに長けたクリエイティブディレクターが増えていくことで、地域から日本中、世界中へと広がるものやブランドがもっともっと生まれて、その地域が多くの人に知られるところとなり、旅行者や移住者も増え、地域活性化へとつながっていきます。

クリエイティブディレクターとは、時にはものづくりの初期の段階から関わり、時代が求めるものや流行りなどへの感度も磨きながら、コンセプトやアイデアを生み出し、アウトプットの質もコントロールするという、幅広い範囲にわたって、長い期間ディレクションをしていくことが求められる職能です。

そう書くと何やら大変そうですが、やるべきことを整理して、分解して、一つひとつ実行し、検証していけば心配はいりません。

地域ならではのクリエイティブディレクションの留意点についても、僕自身多く学んできたので、次章以降で伝えていきます。

地域にプロとしてレベルの高いクリエイティブディレクターが増えることで、日本の地域の未来はもっと明るくなっていくのは確実なのです。

第1章

クリエイティブディレクションの方法論を身につけよう

さまざまなクリエイティブスキルの集合体＝クリエイティブディレクションで多数同時並行ができる！

クリエイティブディレクションを分解する

コピーライターだったらコピーを書く、アートディレクターであればデザインを考える。しかし「クリエイティブディレクション」と言われても、何をどうしていいのやら？　そう思う地域クリエイターの方も多いかもしれません。

僕自身は38歳のとき、つとめていた広告会社より次年度からクリエイティブディレクターとして対外的に仕事するようにと年度末に通達されました。昇格通知とは違って、職能通知、資格試験合格みたいな感覚でした。

それまでコピーライターとして仕事をしながら、平面だけでなくCMの企画開発などもやっていましたが、依頼案件のクリエイティブ責任者として向き合うことになったのです。

広告会社の場合は具体的なクリエイティブディレクションのメソッドを教えるというよりも、先輩クリエイティブディレクターについて、実地訓練を積みながらクリエイティブディレクターとしてのスキルを磨いていくことが多いと思います。

それ以来、10年以上この職をしていますが、企業ブランディング、新発売キャンペーン、ロゴ、商品や店舗開発、街づくりなど、多くの案件が同時並行で進行していきます。しかもそのどれもが、最初から最後まですべてのフェーズに関わり、アイデアを考え、断続的にジャッジしていくので、コピーライターのときよりも、関わる時間は圧倒的に長くなります。しかも同じ課題なんてひとつたりともないので、同じフォーマット展開などはまったくもってあり得ない世界。

地域クリエイターの場合はクリエイティブディレクターとコピーライターやアートディレクターを兼ねている人も多いと思います。僕自身、地域案件の場合は、クリエイティブディレクター＆コピーライター＆プランナーとして、ほぼ一人でやることが多かったりします。同時並行で多種多様な課題や求められるアウトプットの違う案件に向き合い、しかも一人何役もこなさないといけない。その状況の中でどうすれば一定のクオリティをキープ（必ずヒットを打つ状態）できるようになるのか？

僕の出した答えは、クリエイティブディレクションのワークフローを整理し、分解してタスク化することでした。

やるべきことを分解することで、同時にいくつもの案件が進んでも頭の切り替えがしやすい、仕上げまでの検証回数を増やせるという効率的なメリットが生まれます。結果、クオリティ向上にもつながります。

どんな案件も「着想」「企画」「定着」の繰り返し

①着想
②企画
③定着

どんな案件もクリエイティブディレクションのワークフローを分解するとこの3つの作業工程に集約されます。クリエイティブディレクションとは、この3つを繰り返していくだけです。そう考えると少し気が楽になりませんか？

3つのフェーズでそれぞれやること。

①着想……課題の発見&コンセプト開発
②企画……アイデアの開発
③定着……クオリティコントロール

感覚でクリエイティブディレクションするのではなく、体系的に各工程の思考作業を実践し、それぞれの技術を高めていくことがクリエイティブディレクション全体としてのスキル向上につながります。

テニスにたとえると、サーブだけ強くてもダメですよね？　ボレーもできて、ストロークもフォアハンド、バックハンドとあるし、俊敏さや、相手の動きを予測する力も必要。適切なラケットを選ぶための知識だっていります。そこに含まれるさまざまなスキルをひとつずつ向上させることで試合に勝てる選手になる。

クリエイティブディレクションとはさまざまなクリエイティブスキルの集合体だと考えてください。

さらに分解していきましょう。

クリエイティブディレクションのワークフロー「着想」とは？

①着想……課題の発見＆コンセプト開発

クリエイティブワークの7割は着想工程

クリエイティブディレクションでいちばん脳内時間を割くのが着想です。僕の場合は、ひとつの案件に対して約7割を着想に当てているイメージです。

「えっ、企画じゃないの？」そう思われる人も多いと思いますが、ここがコピーライターやアートディレクターと違うところです。

コピーライターをやっているときは、クリエイティブディレクターが課題の発見をすませコンセプトを提示し、それに基づいてコピーの開発をしていました。クリエイティブディレクターがコピーをOKすれば、別のクリエイティブディレクターが待ち構えている次のお座敷へと向かう。今思えば、その頃は企画のフェーズを繰り返しやっている状態でした。

着想ですることは、課題の発見とコンセプト開発。

この2つはセットと考えてください。着想の過程にしっかりと時間をかけて、依頼案件に対する最適解を導くコンセプトをつくれるかどうか。それこそがクリエイティブディレクターのいちばん重要な仕事であり、腕の見せどころであり、時間がかかるところです。

着想のファーストステップ、「課題の発見」とは？

クリエイティブディレクターは、クリエイティビティでさまざまな課題を解決する人です。

「若者の人口流出が止まらない」

「県産品を首都圏に広めたい」

「自社のECサイトを活性化させたい」

「新しい顧客をつかみたい」

などなど、依頼主は何らかの困りごと、頼みごとを持って相談にやってきます。

ただし、それをそのまま受け取って、提示された課題から着想をスタートさせても、最適なゴールにたどり着く確率は低くなります。

提示された課題はたいていの場合、表層化&単純化した事象や「こうなるといいな」という願望であることがほとんどです。他の地域や会社でも抱えている同じような悩みだったり、何なら日本中すべての自治体や企業に共通する課題だったりします。

提示された課題が内包する範囲が広すぎるのです。まずはその中身をていねいに解きほぐしていきます。

「若者の人口流出が止まらない」というケースでも、大学進学時なのか？　男性が多いのか？　女性が多いのか？　働き先がないということなのか？　遊ぶ場所がないからなのか？　近くに大都市はあるのか？　Uターンは多いのか？　など地域ごとに状況はさまざまに異なります。

提示された課題を起点に根源的な課題がどこにあるのかを探っていく。お医者さんが問診やさまざまな検査を組み合わせて原因を特定していくようなイメージです。

僕の場合は、なぜ？　を繰り返します。

なぜ若者の人口流出が止まらないのだろう？

←

働く場所がない

←

なぜ働く場所がないのだろう？

←大きな企業が少ない
←なぜ大きな企業が少ないのだろう？
←老舗の中小企業が強い
←なぜ老舗中小企業が強いのだろう？
←ここにしかないものづくりの技術が多いから
←なぜものづくりの技術が培われたのだろう？
……

これはひとつの例ですが、提示された課題の理由を次から次にたどることでいろんな角度から検証していきます。原因と理由の糸をていねいにたどっていく。そうしていくうちに自分の中でこれだ！　と思う「鉱脈《こうみゃく》」が見つかります。

それが、その地域や依頼主〝ならではの根源課題〟。抽象的、一般的なものではなく、個別で具体的な、その地域や会社が置かれている状況ならではの原因となる課題を探し当てる必要があります。そうでないと、課題解決の精度は上がりません。

クリエイティブディレクターは、クリエイティビティで課題を解決する人です。まずは提示された困りごと、頼みごとに潜む〝ならではの根源課題〟を見つけることが着想のファーストステップです。

〝ならではの根源課題〟を解決する羅針盤＝「コンセプト」とは？

コンセプトとは、課題を解決するソリューションの基盤となり、すべてを貫く指針。

クリエイティブディレクションにおけるコンセプトをひとことで言うとこういうことです。

発見した〝ならではの根源課題〟を解決するための羅針盤のようなもの。

「会いに行けるアイドル」

これはＡＫＢ48のコンセプトです。

常設劇場公演や握手券など彼女たちのすべてのプロモーション施策はこのコンセプトに貫かれています。逆に言うとこのコンセプトから外れたことは、基本やらないというスタンスになります。

音楽アーティストがアルバムのプロモーションをする場合にインタビューで「今回のアルバムのコンセプトは自己回帰です」なんて言ったりすると思いますが、それも同じです。

そのコンセプトに基づいて、作詞作曲アレンジがなされてジャケットができあがり、１枚のアルバムを通して伝えたいことが表現されていく。どうでしょう？

イメージつきますでしょうか？

ブランディングやプロモーションだけでなく、音楽や映画、小説、建築物など基本、すべての商業表現物にはコンセプトがあると考えてください。

コンセプトが固まっていないと起きること

いきなり企画していませんか？

序章でそう問いかけましたが、コンセプトが定まってないのに企画をするのは、大海原をコンパスなしで航海するようなものです。

コンセプトが固まっていないと企画する範囲が膨大になります。いろんな海を手当たり次第航海して目指す島を見つけようとするようなものです。

依頼ごとに対する〝ならではの根源課題〟も曖昧なままなので、「アレもいいかも？」「こんな方法論もあるかも？」などといろんな仮説や可能性が残ったままアイデア開発をすることになります。

思い浮かんだアイデアが依頼された課題に対して有効なのか、そうでないのかを、アイデアが出るたびに立ち戻って、頭の中で何度も検証しなければいけません。結果的にアイデアを開発する範囲が広すぎて、最適解にたどり着く精度も確率も落ちてしまいます。

また、アートディレクターやコピーライターなど他のスタッフに企画開発を依頼する場合、目指すべき指針がないため、出てくるアイデアにそれぞれの主観的解釈が必要以上に入ってきてまとまりがつかなくなります。

どの企画がいいのかをスタッフ内で検討する場合も、どうしてこの案がよいのかをクリエイティブディレクターがロジカルに判断したり説明できなくなります。プレゼンの場では、クライアントに提案の指針が明示されないがないために、担当者の好き嫌いで案が採用されることにつながったりします。

定着のフェーズでも同じことが起きます。

たとえば映像をつくる場合、映像ディレクターにコンセプトを提示せずに進んでしまうと、カメラマン、美術スタッフ、スタイリスト、ヘアメイクに至るまで、与えられた企画を形にするだけにまい進することになり、「この映像でどんな課題を解決するのか？」という命題が抜け落ちてしまうのです。

コンセプトが固まっていると何がうまくいくのか？

コンセプトはクリエイティブワークフローすべての羅針盤。

思いついたアイデアが適切なのかどうか、迷ったときに照らしてみれば答えを出してくれます。クリエイティブディレクター自身、どうしてこの企画がいいのか、どうしてこの企画は提案すべきでないかが明確になります。

そこがクリアに見えてくると、プレゼンテーションにも説得力が出るし、他のスタッフに企画を進める上での理解や共有意識を得やすくなります。

結果的に競合コンペでの勝率も高くなり、クライアントの好き嫌いで案が採用されることも減ると思います。

コンセプトを固められていれば、仕事の効率も上がるし、いいことずくめです。

仕事の効率も上がるコンセプトメイキングの手順

0 普段から情報ソースを得ることをルーティン化する

課題を解決するクリエイティブアイデアは、時代との関係性の中から生まれます。没後何十年も経って、その真価が世に認められたゴッホのような画家もいますが、僕らが手がけるアウトプットはそうはいきません。

今の時代に作用することが必須条件です。どんなに表現の美しさやコピーのレトリックが素晴らしかったりしても、時代（を生きる生活者）が求めてないものはまったく意味を成しません。

また、僕らはアーティストではありません。

さまざまな悩み、課題を抱えて、事業から得られたお金や地域住民の税金から費用を捻出しているクライアントに、自分の主義、主張、表現欲を押し売りするのは、クリエイティブで課題を解決するプロとは呼べないと思います。

クリエイティブディレクターと名乗るのであれば、時代感覚をつかむために普段からある一定の情報をインプットすることを自分に課しましょう。

具体的には国内の社会的な問題、政治や経済情勢、世界の出来事、エンタメ業界のことやスポーツニュースなど特定のジャンルにとらわれずに広くそこそこ深く知ることです。広く浅くでも、狭く深くでもなく、広くそこそこ深く、というのがポイントです。


イメージとしては一般的な生活者よりもひとまわり広い範囲で特定の分野にかたよらず、世の中をウオッチする感じです。具体的にどんなものを選んでいくかは自分で試行錯誤しながら見つけていくのがいいと思います。その情報源の選び方もクリエイターの個性につながっていきます。

情報源を選ぶときに自分の好きなことだけに触手を伸ばしていては、時代の流れを読む感覚を身につけるのは難しくなります。クリエイティブディレクターという職能で仕事をするのなら、好き嫌いにとらわれず、逆を言えば自分が苦手なジャンルも意識して普段の情報入手先を広げましょう。

毎日、毎週、毎月チェックするものを決めてルーティン化。

僕の場合は、新聞を3紙、WEBメディアを8つ、フェイスブックなどのSNS、雑誌は月に10誌以上、定期的に録画しているテレビ番組は8つくらいあります。この内、新聞とWEBメディアは毎朝、時間をかけて読んでいて、このルーティンを終えない限り、基本その日の仕事には取りかかりません。

なぜなら、昨日の世界と今日の世界は違うから。

日々、情報をインプットして自分もアップデートしないと、クライアントから与えられている課題にも、今を生きる生活者にも真摯に向き合えないと考えています。

毎日、定期的に情報を摂取することで、自分なりに大局的なものの見方や考えもつかめてきます。それによって依頼ごとに対する〝ならではの根源課題〟を発見する力が養われるのです。

これを毎日続けているとどうなるか？

着想がひとりよがりでなくなります。

クリエイターも趣味嗜好を持ったひとりの人間なので、どうしても好き嫌いにとらわれがちですが、インプットを続けていると仕事として冷静な判断ができるようになってきます。

社会や時代との関係性の中で〝ならではの根源課題〟を発見し、それを元にコンセプトを導けるようになるので、着想のよりどころがより強固になり、自分の考えにも自信が持てるようになります。

経営者や担当者とも深い話ができるようにもなります。

社長相手のプレゼンのとき、企画を説明する前に朝読んだ新聞の経済の話などをすると、途端に会話が弾むことはよくあります。地域クリエイターの場合、地域企業の経営者と直接話すことも多いと思いますが、彼らは地域経済や政治、社会情勢についてよく勉強しています。ものづくりで地域を支え、従業員を守っていくには、必要な情報だからです。同じ目線で話のできるクリエイターだと思ってもらえれば、パートナーとしての信頼を獲得することにもなります。

一朝一夕に身につく習慣ではないですが、思い立ったらすぐに実践してみてください。継続は力なりです。

1 課題（商品・ブランド）について徹底的に調べる

自分で調べる

新商品プロモーションであれば、その商品のことはもちろん、競合商品や想定されるターゲットのこと。地域の観光であれば、その地域にある観光資源のことなどをリサーチします。最近はネットサーチでも、かなりディープな情報にまでたどり着けるので、以前よりだいぶ楽になった気がします。他にも書店や図書館、すでに販売している商品であれば店舗などリアルな場所でのリサーチも大切です。

地域が題材の場合は時間とコストをかけられるのであれば、ぜひ現地取材をしてください。ガイドブックや観光サイトにある情報は、それこそ一般的で平均的なものが並んでいて、じかに見て得られる情報とは比べものになりません。

「調べるのはめんどくさいし、早くアイデア開発したい」

そう思うクリエイターもいるかもしれませんが、情報はクリエイターの重要な仕事道具であり、リサーチもクリエイティブワークです。

クリエイター向けのセミナーで課題について調べたことを発表してもらうと、情報入手経路、そこからの触手の伸ばし方はそれぞれに個性豊かでほぼ全員違ってきます。SNSで面白い発言をひろってくる人もいれば、何やら難しい専門書から自治体の方も知らなかった事実を見つけてくる人もいます。

どの情報に触手を伸ばすかで、その後のコンセプトの立て方は大きく左右されます。触手の伸ばし先は自分の直感を信じてください。それこそがクリエイターの個性となり、最後のアウトプットにもあらわれてきます。

調べるのはめんどうだと思わずに、自分のアンテナを信じて、しっかりリサーチしましょう。

ヒアリングする

可能であればクライアントや自治体の方へのヒアリングをしましょう。実際に対面して話を聞くうちに、いろんな悩みを語ってくれたりします。

地域の案件をやっていていいなと感じることのひとつは、経営者などの決裁者と近いことです。経営者と同じ目線に立って、その企業の課題や地域固有の状況などをじかに聞けるのは、東京で大手のクライアントを担当していてはなかなかかなわないことです。

地域のシティブランディングや観光や移住定住案件の場合は、そこに住んでる人たちにインタビューしましょう。できれば一度に何人かの人に集まってもらってワークショップスタイルなどでやれると効率がいいと思いますが、そのときに注意してほしいことがあります。

なるべく世代を混ぜない。

これはワークショップ形式で地域住民にヒアリングする中で感じてきたのですが、世代が混じると全体的に発言力が低下するのと、最大公約数的な意見が多くなる傾向にあります。

特に若い世代は上の世代に気をつかうのか、上の世代の声が大きすぎるのか、あまり口を開かなくなってしまいます。

なるべく世代別でインタビューすることをおオススメします。同窓会だと気心知れて、つい口を開いてしまうのと同じことだと思います。発言が出やすい環境が整うようにディレクションしましょう。

リサーチは時間を決めて

リサーチにあてる時間は決めましょう。

時間を区切って作業していくというのは、リサーチに限ったことではなく、僕の場合、クリエイティブディレクションワークのすべてに通じます。分解したクリエイティブ作業の一つひとつに対し、全部時間割を決めてやっています。

先にも伝えたようにクリエイティブディレクションは、長いスパンで全体に関わっていきます。同時並行で考えないといけない、判断しないといけないことは次々とあらわれてきます。そのたびに、企画に進んでいたけど気になる点があるから立ち戻ってもう一度リサーチしよう、あの可能性も残しておきたいな、などとやっていると、ジャッジしなければいけない分岐がどんどん増えていって、コンセプトもアイデアもアウトプットも結果的に完成度が落ちていきます。

時間を区切りその中でその作業の答えを出したら、基本は振り返らずにそれを土台として、次に進んでいく。決められた時間でそのタスクの答えは出して、後延ばしにしない。僕はそうしています。イメージとしては、作業を追うごとにフォーカスを狭くして、選択の余地を少なくし、最終目的に向かって追い込んでいく感じです。

地域の仕事も同時並行でいくつもの案件が動いていると思います。そのときに、各案件のやるべきタスクを分解していると、頭の切り替えがスムーズにいきます。

僕自身は平均すると常時10案件くらいが同時に動いています。

この1時間はA案件のリサーチで、次の2時間はF案件の企画開発に当てる。

というふうに毎日、タスクとそれに費やす脳を動かす時間を明確にしています。これは長い期間、すべてのフェーズでアイデア開発や判断を施していくクリエイティブディレクターという職にとっては有効な頭脳進行管理法だと思いますので、よかったら試してみてください。

2 コンセプトを書く

インプットしたら寝る

課題についてさまざまなことを調べて頭にインプットしたら、まず寝ましょう（笑）。

僕はインプットする日とコンセプトを書く日は分けるようにしています。脳は寝ている間に日中の情報を整理していると言われます。経験上でもインプットしてすぐにコンセプトを書くより、頭を一度休めて、落ち着いてから考える方が冷静に作業できる気がします。

コンセプトを書くという作業は自身の脳内コンディションを万全にして向かうべき重要な作業だと思います。

いいコンセプト・悪いコンセプトとは？

ワークショップなどでコンセプトを書く課題を出したとき、ありがちなのがオリエンシートの要約です。何の前置きもせずにやると、8割くらいの率でそうなります。残念ながらオリエンシートや仕様書、経営者や担当者が話した言葉などを言いかえたり、簡潔にしたものをクリエイティブコンセプト（以下、コンセプト）とは呼びません。

そこには〝ならではの根源課題〟も独自のリサーチの痕跡もなく、クリエイター自身のオリジナルな視点や解釈がなされていないからです。これでは、提示された課題をそのクリエイターならではのクリエイティビティで解決できるはずがありません。

ではどんなコンセプトがいいのか？

真実と発見が同居しているもの。

これは僕が駆け出しの頃に先輩コピーライターに教えられた「いいキャッチコピーとは？」ということに対する答えなのですが、キャッチコピーだけではなく、コンセプトにも当てはまります。

「そうそうそれ！」

「確かに言われてみれば！」

いいコンセプトを目にしたときに相手が思わずそんな気持ちになるもの。

頼まれた課題の周りにふわふわと浮かんでいて生活者が感じている事象や想いをスッとすくいとりながら、それに対して新しい光明を与えるようなもの。

ＡＫＢ48のコンセプトは「会いに行けるアイドル」。

アイドルって、今まではちょっと遠い存在だったよね、という真実と、会いに行けたらもっと楽しいじゃん！という発見の同居。

「家でも職場でもなく第３のくつろげる場所を提供する」。よく知られる某有名コーヒーチェーンのコンセプトですが、これも同じです。

職場はもちろん、家でもくつろげないときってあるよね、というみんながどことなく思っていたような真実と、家でも職場でもない場所を提供するという発見。コーヒーを売るのではなく第3の時間と場所を提供するということ。

真実を冷静に提示するだけでも、思いもつかなかった発見を披露するだけでもダメで、両立していることが重要なのです。

真実だけを冷静に見せられても「それはわかったけど、では何をすればいいのでしょうか？」となり、発見を意気揚々と語っても「面白いのはわかるけどホントにその必要性はあるの？」となってしまう。地に足をつけて隠れたニーズや欲求を掘り当てながら、それをかなえる今までにない道筋を示すことが必要なのです。

もう一つ、いいコンセプトに求められること。

端的であること

特にコンセプトワードは端的にしましょう。長くなればなるほど、いろんな要素が付け足されてしまい、選択肢や逃げ道が多くなります。いわゆる全包囲網というもので、どこからも突っ込まれないものになります。どこからも突っ込まれないというのは、誰の気持ちにも

コンセプトワード（センテンス）
コンセプトワード（センテンス）を導いた思考経緯 オリエンを自分なりに解釈したこと、 リサーチと合わせて見出した視点、 ターゲット設定や時流の考察、 目指すべきゴール設定を交えながら コンセプトを導き出した思考過程を このシートがひとり歩きした時に プレゼンに出てない人も理解できるように 順序立てて端的に記していく

コンセプトシート見本

引っかからずにスルーされるということです。

コンセプトシートの形式は自分流でOK

コンセプトシートの書き方は手書きでもいいし、図解を入れてもいいし、自分の好きなように自由でいいと思います。

ちなみに僕の書くコンセプトシートはこんな感じです。

ほとんどの場合、A4横で1枚にまとめます。上段にコンセプトワードもしくはコンセプトセンテンスを端的に記します。その下にリサーチしたことなど含め、コンセプトワードを導いた経緯を文章で手短に書き記します。

僕がコンセプトシートをまとめるときに意識するのは、なるべく自分がたどった思考過程を

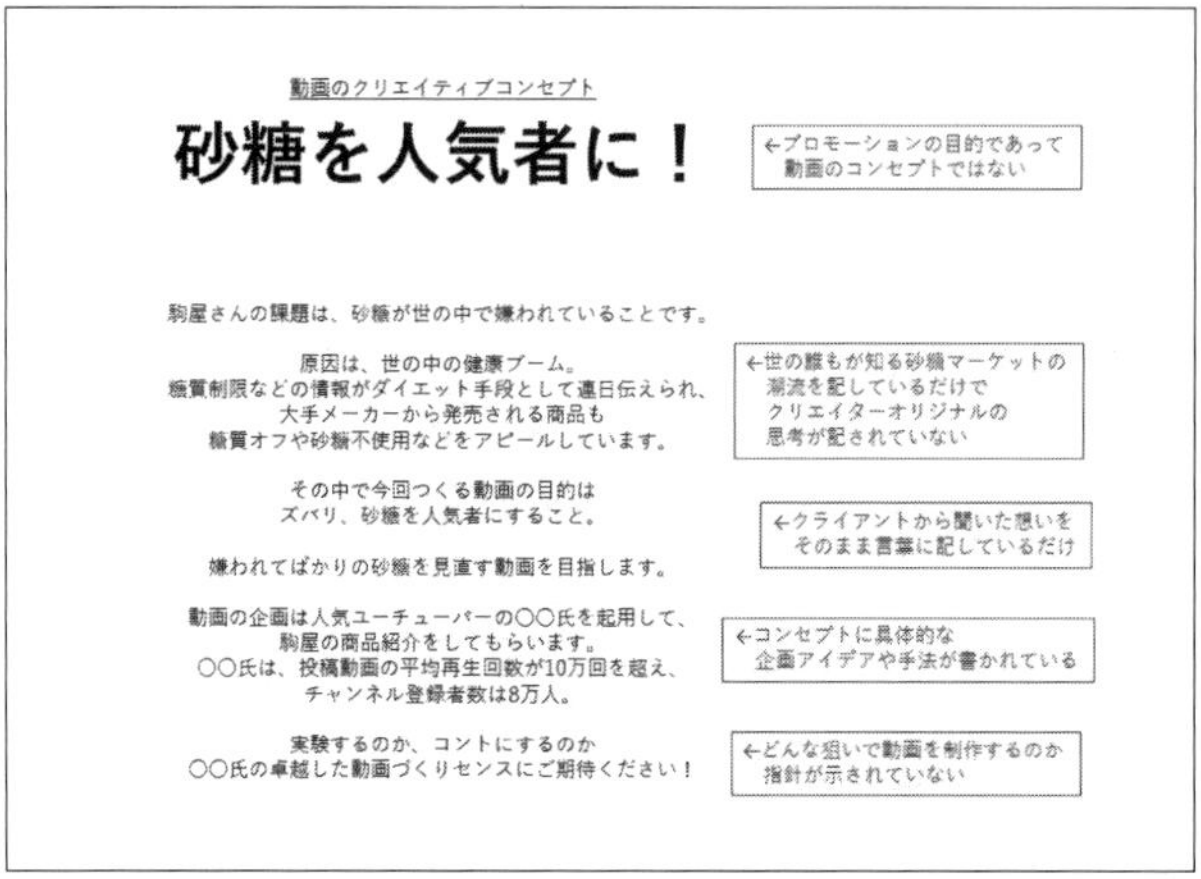

コンセプトシート誤解例
（駒屋　企業ブランディング案件を参考に作成）

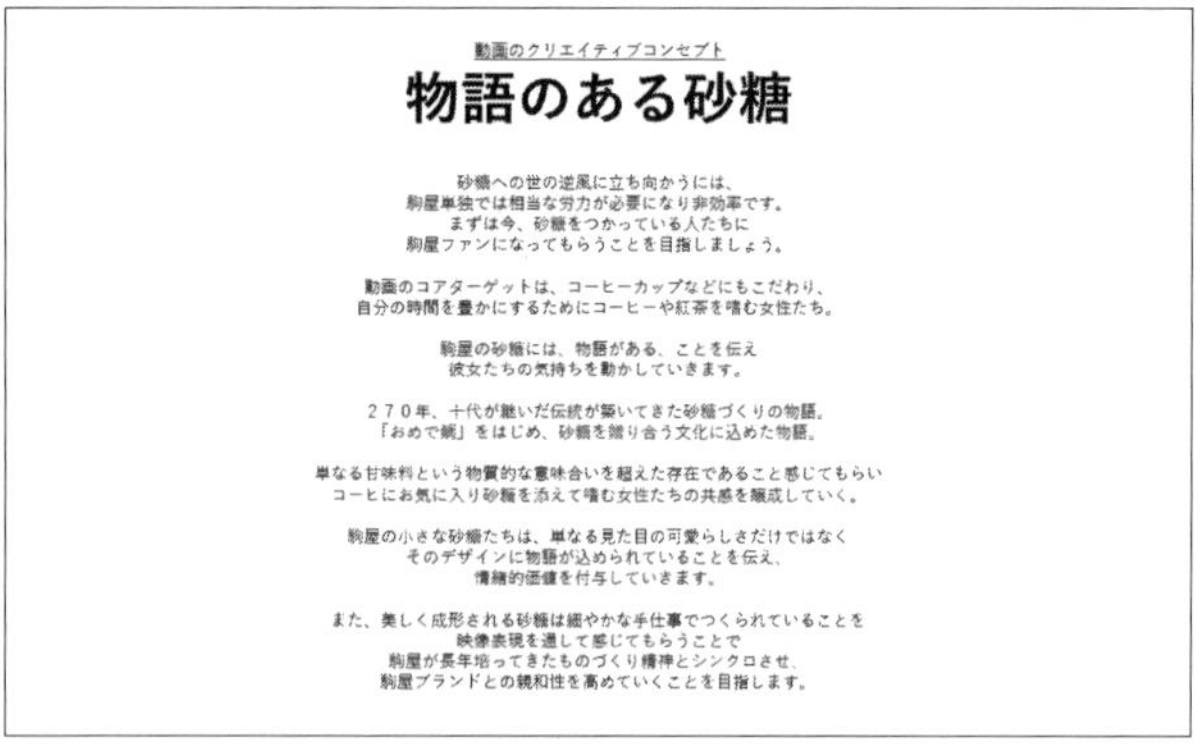

コンセプトシート参考
（駒屋 企業ブランディング提案時のもの）

なぞること。そうすることで、なぜ、このコンセプトワードにたどり着いたのかを相手にも追体験してほしいと考えています。

コンセプトシートでは説得するのではなく、合点してもらうことが大事です。導き出したコンセプトがひとりよがりではなく、課題を解決するために時代の流れも踏まえてさまざまな観点から紡ぎ出したものであることに共鳴してもらうことが大切です。

コンセプトとアイデアの違い

大学の授業でもコンセプトとアイデアの違いを理解してもらうのはいつも苦労します。僕が授業をする映像学科の学生たちにコンセプトシートを書いてもらうと、たいていはアイデアを持ってきます。

コンセプトは、課題を解決するソリューションの基盤となり、クリエイティブワークフローのすべてを貫く指針。

アイデアは、その指針に基づいて生み出される具体的な施策。

指針と施策の違いです。

まず指針を立ててから、施策を考えましょう。

そうでないと単なるアイデア合戦になります。課題解決にひもづいたソリューションとしてクリエイティブが機能しなくなるのは言うまでもなく、選ぶ指針もないため、その場のノリや好き嫌いで判断されることが多くなります。

コンセプトとアイデアは、自分自身混同しないように頭を切り替えて開発してください。

課題の本質発見(ていねいな着想)こそがアイデアの源

クリエイティブディレクターの最初の作業は、課題の本質、〝ならではの根源課題〟を発見することです。

そのためにリサーチを重ねたり、自分の思考を深める作業をしていきます。そうすることで、結果的にアイデアや表現の個性も生まれてきます。この着想の段階をていねいに時間をかけてやれるかどうかで、その後の企画作業がスムーズにいくかどうか、ユニークなアイデアが生まれるが決まります。

僕はこの着想の段階に7割の時間をかけますが、ここさえしっかりと固まれば、後の航路はとっても楽になります。

クリエイティブディレクションのワークフロー「企画」とは？

②企画……アイデアの開発

1　ターゲットを明確にする

着想の段階で定めたコンセプトに基づいて、具体的なアイデア開発に入っていきます。

まずやることは、ターゲットを明確にすることです。

ターゲットはコンセプト開発段階でもある程度定めていることが多いのですが、企画するときには、具体的にどんな相手に向かって発信していくのか詳細にしていくことで、効果的なアイデア開発に結びつけていきます。

オリエンで若年層向けにと指示されていても、たとえば渋谷系なのか秋葉原系なのか、体育会系なのか、バンド好きなのか、それによってアプローチの仕方は大きく変わってきます。

僕の場合、あまり年代性別など、いわゆる調査項目にあるような指標だけにとらわれないように気をつけています。

ざっくり言うとインターネットの登場であらゆる事象がデータ化され、アーカイブされていつでも引き出せるようになったからだと思います。全世代が知っているヒット曲が生まれにくくなったと言われますが、古い歌謡曲を聴く若い世代もいれば、ＰＣゲームでのインターネット対戦を好む高齢者もいます。

年齢、性別、職業別のようなものだけでなく、嗜好性の違いでターゲットを切っていくことも今の時代には有効だと思います。

2　メディア（ビークル）を決める

コアになるアイデアやターゲットが定まってきたらメディアを決めましょう。アイデアを何を媒介にして伝えていくのか。

広告会社ではビークル（乗り物）、という言い方もしたりします。どんな乗り物を使えば、考える企画がターゲットに届きやすくなるのか。アイデアの中身やターゲットが定まってくればおのずと乗り物も決まってきます。

メディアの種類は代表的なものとして、新聞やテレビ、ラジオなどいわゆるマスメディアと呼ばれるものや、ＳＮＳなどのデジタル系があります。ひとことでＳＮＳと言ってもＦａ cebookとInstagramとTikTokとでは使っている年代やそこで展開されるコンテンツはまったく異なります。

媒体の特性などもインターネットで検索すると、ていねいにまとめられたものが出てきます。特にデジタルは地域ごとでのきめ細かい出稿も可能なことが多いので、このあたりもクリエイティブディレクターを名乗るのであれば、普段からキャッチアップしておくべきことのひとつです。

アイデアをのせるメディアはマスメディアやSNSだけに限りません。パッケージや地域の看板、店頭POP、社員の制服などありとあらゆるものにアイデアをのせるメディアとしての可能性があります。

予算を考慮することも忘れないでください。大まかな予算を頭に入れながらメディア選定をしていくのもクリエイティブディレクターの仕事です。

地域ではプロモーション予算が潤沢でない場合のほうが多いと思います。だからこそ日々変化するSNSの使われ方はもちろん、地元のテレビ局やラジオ局の情報、地域の看板など、そのエリア特有のメディア情報についてもウオッチするようにしましょう。

頭にインプットさえしておけば、アイデアを考えるときにそれらの情報が有機的につながってきます。

story on a spoon

（90秒程度）

砂糖が盛られたティースプーンから、砂糖の男の子ゾウが現れ外の世界へと旅立つ。
外の世界で初めて見るものに興味を持つけれども、砂糖でできた存在は自分だけだと気づきスプーンに戻る。
と、スプーンの柄の方から女の子ゾウが現れて２頭が横に重なり合うとハート（駒屋商品）型になる。

物語のある砂糖。駒屋

アイデアシノプシス参考
（駒屋 企業ブランディング提案時のもの）

知っておくことが大事です。

3　3行で説明できるシノプシス（あらすじ）にまとめてみる

思いついたアイデアはいきなり提案用にまとめず、まず3行程度のシノプシスにしてみましょう。

これは、映画やテレビ番組の企画などにも使われているやり方ですが、3行という制限した中でアイデアのあらすじをまとめると余計なものがそぎ落とされて、必要最低限のアイデア骨子になります。

ロゴマークやシンボルマークなどは絵で見せればすむのですが、どんな意図でそれをまとめた（そのデザインにした）のかも、言葉にすることで狙いがハッキリしてきます。

3行にまとめたシノプシスを読んで、面白ければたいていうまくいきます。

長々と書かないと相手に伝わらないものは、本質的な力が足りていないことが多い気がします。

提案用の絵コンテやラフスケッチを描き起こす前にぜひやってみてください。

4 企画シートを書く

3行にまとめたアイデアシノプシスを使って、提案書をクライアントに伝わりやすいようにまとめましょう。

テレビCMや動画であれば、絵コンテの体裁に整えたり、ポスターやパッケージであればカンプを描いたりと最終のアウトプットに合わせて相手にわかりやすいようにしていきます。

まとめ方は、基本、1企画1、2枚を心がけましょう。

1企画を何枚にもわたって書くと企画の骨子よりも枝葉が多くなりがちで、判断する方もどの観点で案を選べばいいのか迷いが生じます。
1、2枚にすることで企画のいちばん伝えたいことも浮かび上がりやすくなります。
僕の場合、2枚であれば1枚目に企画の骨子をまとめて、2枚目に少し詳細なシナリオや具体的イメージを補足する資料をつけたりします。

特にCMを含めた動画の提案の場合は、クリエイターには仕上がりの映像がなんとなく頭に浮かんでいても、それを普段映像の仕事に慣れてないクライアントがすんなり理解するのはなかなか難しいことです。

相手とイメージを共有できるような補足資料を用意しましょう。

5 プレゼンシートにまとめる

企画の最終作業はプレゼンシートをまとめること。

僕の提案書の基本形は以下になります。

（1）表紙
（2）プロフィールシート（1枚）
（3）コンセプトシート（1枚）
（4）企画シート（1～2枚）
（5）考察に至った資料（適宜）

これは、仮に企画案が1案とした場合なので、複数案提案する場合は企画シートが増えていきます。

それぞれのパートのポイントを簡単に説明します。

（1）表紙

表紙は提案書の顔になるのでぜひ自分らしいフォーマットをつくってください。会社のロゴでもいいし、フリーなら個人名でもいいですし。クリエイティブプランの提案なので、プレゼンシートも見た目は大事です。

（2）プロフィールシート（1枚）

自分がこれまでどんな仕事を手がけてきたか、どんな想いを持って仕事をしているか、広告賞などの受賞歴があればそれも入れて自己紹介（会社紹介）を1枚にまとめたものを用意しましょう。

「表紙の次にいきなりプロフィールはちょっと気後れしそう」

そう思う方もいるかもしれませんが、僕はある意味、クライアントに対する礼儀だと考えています。建築家に頼んで家を建てる場合も、レストランを予約するときも、それまで建てた家やメニューや評判を見てお願いするのと一緒です。

まずは自分がどんなクリエイターなのかをわかってもらってから企画を説明するのと、いきなり案を話すのでは相手の感じ方も違ってきます。

プロフィールシートのまとめ方は自由でいいと思いますが、これも1枚にしましょう。1枚にすることで自分の仕事の中でどれを見せるかを絞ることになると思います。たまに何枚にもわたって自己紹介しているものも見かけますが、聞く方は本題に入る前に疲れてしまいます。


自分のえりすぐりのショーケースを1枚にまとめて端的に伝えましょう。

（3）コンセプトシート（1枚）

（4）企画シート（1案につき1～2枚）
3、4は先ほど書いたとおりです。要旨をシンプルにわかりやすくまとめましょう。

（5）考察に至った資料
これは必ずつけるわけではありませんが、リサーチした資料でコンセプトを導くヒントとなったものを別で添えることもあります。

単なる思いつきではなく、市場環境や世の情勢を踏まえて導き出した提案なんだと感じてくれて採用への後押しになることもあります。

資料もダラダラとつけるのはよくないので、相手が見やすくわかりやすいように必要最低限な枚数にまとめましょう。

プレゼンシートのまとめ方を通して大事なのはホスピタリティです。

経営者や自治体担当者などに数枚でアウトプットまでイメージしてもらうためにはどうすれば伝わるか？　クリエイティブワークを普段していない人たちにどんな見せ方をすればわかりやすくなるのか？　忙しい中で時間を取ってくれている人がどうすれば端的に理解できるか？　プレゼンの場に参加しなかった人にもこの提案書を見ればいいようになっているか？　など。

自分のアイデアを通したい！　という気持ちは皆同じだと思うのですが、そこは胸の奥底に潜ませながら、まずは相手の立場になってプレゼンシートをつくりましょう。

その想いはきっとクライアントさんにも伝わります。

プレゼンテーションは思いやりです！

クリエイティブディレクションのワークフロー「定着」とは？

③定着……クオリティコントロール

1　チーム編成

企画が採用になったら、次はそれを定着させていくフェーズです。提案書を具現化していきます。定着でクリエイティブディレクターがやるべきことは、コンセプトをぶらさずに、採用になった企画を少しでもいい形で世に送り出すことにまい進することです。

そのために最初に行うのがチーム編成です。企画まではひとりでやれることもあると思いますが、制作作業はそうはいきません。

撮影がある案件なら監督やカメラマン、各所への人や物の手配をしてくれるプロデューサーなど、さまざまな技能を持つ人たちと共創することになります。

誰と一緒につくるのか、スタッフを決めることをスタッフィングと言ったりしますが、このスタッフィングもクリエイティブディレクターの重要な役割です。

カメラマンやWEBデザイナー、監督、イラストレーターやアニメーターなど、普段からどんなクリエイターや共創仲間がいるかをウオッチしておくことも大事です。

どのクリエイティブディレクターも自分仕様のクリエイティブスタッフのデータベースは頭の中にあると思います。

そのデータベースが多彩で豊かで鮮度を保っているほど表現の幅も広がっていきます。

スタッフ同士のシナジーを上手に起こすことも意識してほしいです。

いつも決まったスタッフでそろえると安心感はありますが、予想を超える上がりは期待できないかもしれません。

これはアートディレクターやコピーライターをアサインするときも同様です。

あの人とこの人を組み合わせたら新しいものができるかもしれない。この企画をあの人にやってもらったら見たことがないものになるかもしれない。そんなことをあれやこれや頭の中でシミュレーションするのです。

もちろん新しい組み合わせをトライしたものの、思ったより相性がよくなくて途中で歯車がうまく回らなくなることもあります。そんなときはディレクションの力でうまく持ち上げるのもクリエイティブディレクターの腕の見せどころです。

自分でスタッフィングしたのだから、自分で責任を取りましょう。

まずはコンセプトに沿ってアイデアがよりよくなることが第一ですが、よりワクワクするチーム編成にチャレンジすることも必要です。

見極めが難しいのですが、どこまで攻めたスタッフィングをするかも、大事なディレクションスキルです。

2　チームメンバーへのアイデア共有

チーム編成がまとまればチームメンバーにプレゼンシートを共有しましょう。企画段階から一緒に作業をしていたスタッフではなく、定着の段階で加わったメンバーに対して、クライアントにプレゼンした内容を伝えます。

撮影スタッフとの打ち合わせでありがちなのが、企画だけを見せてどう実現していくかを相談するパターン。これだとコンセプトが伝わらず、表現としての質を上げることだけに気をつかうことになります。

もちろん企画の共有は必要ですが、それ以上に、与えられた課題に対して、どのような道筋でコンセプトを導き、この企画に至ったかを共有することが大事です。

そうすることで、カメラマンも課題解決への道筋を理解し、生活者に意図が伝わるというひとつ上の観点で完成度の上積みがなされていくのです。

制作現場の一人ひとりに目指すべき指針が共有されているかいないかで、課題を解決するという目的の達成度は大きく違ってきます。

コンセプトが十分に制作現場に伝わっていなかった場合、制作途中でその都度ディレクションをし直していくことになります。

そのたびにディレクションの時間が取られてしまい、もっとよくするために使えた時間が削られていきます。

これは僕にもたまに起きていることなので、自分で書いていて身に沁みます。

コンセプトはチームメンバーにもしっかり伝えましょう。

3　ディレクションは生活者目線で

企画を形にしていく中でクリエイティブディレクターは、スタッフからは一歩引いて、全体を客観的に検証する目線でいましょう。スタッフ目線でもなく、クライアント目線でもなく、クリエイティブディレクター目線で見ることが大事です。

クリエイティブディレクター目線とは、生活者目線です。

スタッフと同じように表現の枝葉末節に目を向けすぎてもダメですし、クライアントと同じように発信側の言いたいことばかりに気を取られすぎてもいけない。

生活者が表現物を見て、聞いて、触れたときに、伝えたいことを気持ちよく受け止めてくれるかどうかを意識してディレクションすることが求められます。

クリエイティブディレクターは孤独なポジション。

いつも実感することです。クライアントに寄りすぎてもいけない、スタッフと慣れ合いすぎてもいけない。その場にはいない生活者がどう感じるかを常に意識して、時には心を鬼にしてクライアントにもスタッフにも厳しいことを伝えていくのも大事な仕事です。

クライアントやスタッフに評価されることはもちろんうれしいのですが、クリエイティブディレクターがいちばん喜ぶべきは生活者からの好意的な反応です。それがなければ、課題は解決したことになりません。

ブレない強さを持ってディレクションすることが大事です。

4　ロジカル思考の痕跡を消す

着想、企画までの工程を聞くと、クリエイティブディレクションってかなりロジックに積み上げていく作業だなと思われるかもしれません。

ですが、ここからはアウトプットに向けて、緻密に積み上げてきたそれらの思考過程を消していきます。

企画の途中から定着にかけて意識していくことですが、企業や自治体などのクライアントの狙いを直接的に受け手が感じないようにしていきます。

なぜ？

一度世の中に出れば、それがＣＭであろうがポスターであろうがパッケージであろうが、表現物は見る人の時間を費やします。

見たり触れたりする人が積極的に自分の時間を使いたいものでなければ機能しない、と僕は考えています。

言葉を選ばずに言うと、誰かの何かの主義主張のために自分の貴重な時間を費やしたい人は確率的に少ないですから、そんな人たちを対象にアウトプットをつくるのは本当にもったいない。

今の生活者は超情報過多の時代を生きていると言われています。放っておいても次から次に情報は押し寄せてきて、人は99・996パーセントの情報をスルーしているとも言われます。

この超情報洪水の中、貴重な自分の時間を犠牲にしてまでわざわざ誰かの宣伝文句を聞いてくれるようなお人よしは少ない。そういう前提で考える方が、課題解決の目的を果たすためにも、プロモーション予算の投資効率で考えても冷静な判断です。

では、情報を浴び続ける中、生活者はどんな情報なら積極的に自分の時間を使うのか？

音楽やドラマ、アニメ、映画、小説などのエンターテイメントコンテンツです。

テレビを見なくなったと言われる若者もユーチューバーの動画やＮｅｔｆｌｉｘのコンテンツには自分の時間を湯水のように使いますし、何回もくりかえし見に行く映画作品が毎年のようにあらわれます。

「いやいや、プロモーション目的なのでエンタメと同じに見られても困る」

それは発信者側の勝手な解釈です。アウトプットされ、世に放たれれば、純粋なエンタメコンテンツであろうとプロモーションやブランディングであろうと同じです。生活者の基準は、自分の時間を費やしたいものか、費やしたくないものか。自分の時間を有意義にしてくれるものかどうかです。

目指すべきはターゲットが時間を費やしたくなるもの、思わず誰かにシェアしたくなるもの。でも見終わると依頼者の伝えたい意図がしっかりと残っている、というものです。

「広告なのに飛ばさずに見ちゃいました！」

ＹｏｕＴｕｂｅの企業プロモーション動画に、そんなコメントが並ぶことがあります。エンタメとして自分の時間を豊かにしてくれながら、企業や自治体が伝えたいことが心に響くもの。

そういうアウトプットを目指すのであれば、一生懸命考えました！　アレもこれも聞いてください！　的な痕跡は消していく方が耳を傾けてくれる人は多くなると思います。

僕はよく童話『北風と太陽』を引き合いに出して、太陽作戦でいきましょう、と話します。押しつけられるのって、基本、みんな好きじゃないですよね。

要は人づきあいだと思って、相手が心を開きやすいのはどんな状態かを意識すればいいのです。

5　クリエイティブジャンプしよう

これも企画の途中から定着にかけて意識することですが、アウトプットではなるべく高いクリエイティブジャンプを目指してください。

クリエイティブジャンプとは、アイデアが形になるときにとっぴなことをやる、とにかく目立つことをやる、という意味ではありません。積み上げたロジカルな思考過程を土台にして、美しさや面白さ、かっこよさなどターゲットの感情がより深く揺り動かされる高みを追求していくのです。

ロジカルな土台がしっかりしていればしているほど、高くジャンプできるし、ジャンプが高ければ高いほど自由演技を入れる余裕もできてきます。ただし、しっかりと着地は決めなければなりませんが。

型があるから型破りがある。

これは序章で紹介した歌舞伎役者、故中村勘三郎さんの言葉ですが、ここでも通じるものがあると思います。

ロジックがしっかりと積み上がっているからこそ、クリエイティブなアウトプットにチャレンジできる。

ＡｐｐｌｅやＡｍａｚｏｎの動画広告で、見ていて思わずホロっとさせながらも最後にはしっかりと商品に落ちているのがあります。

まさに強固な土台の上だからこそのアウトプットなのです。

6　すべてのディレクションには理由がある

定着で仕上げに向かってクオリティをコントロールする過程では、さまざまな項目でジャッジを要求されます。

衣装の色を何色にするか、ナレーターの声はどんなトーンにするか、どんな書体を選ぶか、キーカラーは何にするか。

ほぼすべての答えはコンセプトに照らせばわかります。

コンセプトは羅針盤と言いましたが、時に北極星のようでもあります。道に迷いそうになったときには北極星を見つければ大丈夫です。

「AとB、どっちがいいでしょうか？」

「この場合どうしたらいいでしょうか？」

スタッフやクライアントから幾度となく判断を求められます。その場合、クリエイティブディレクターが頼るのは誰でもなくコンセプトです。

コンセプトさえしっかりしていれば、そこに照らすと答えは明瞭に浮かび上ります。

判断した内容を伝えるときには理由と一緒に伝えることが大事です。

個人的な感性で判断しているのではなく、どういう理由でそうすべきかを語るスキルも大切になります。

つい魔がさして「こっちのほうがオシャレなので！」なんて言ってはいけません（笑）。

そもそも美的感覚はとても主観的なものです。そうではなく、この課題を解決するために立てたコンセプトに照らすとこうあるべきです、と伝えればクライアントもスタッフも納得し安心して、より信頼してくれます。

逆に言えば、コンセプトからズレていなければ専門スタッフやクライアントのオススメに任せてもいいのです。

7　神は細部に宿る。細部の手を抜かない

定着では細部を詰める手をゆるめないことも大事です。後からくやんでも、一度世に出たものは戻りません。それくらいの意識を持ってください。ものづくりの匠が最後まで手を抜かないのと同じです。

部分最適に陥らないことも意識しましょう。あくまでもプロモーション全体を通して、課題を解決するための一部なんだ、ということをクリエイティブディレクターだけはいつも頭の真ん中に置いて、的確なジャッジをし続けてください。

8　最後はみんなの熱量！

ロジカルをしっかり積み上げて、クリエイティブジャンプをして、細部の手は抜かずに、部分最適に気をつけて仕上げていく。そう聞くと、

「クリエイティブディレクションってカオス！」

そう感じる方もいるかもしれません。ある意味、それはクリエイティブディレクションの

真実だと思います。

コンセプトを片手に常時、左脳と右脳、理性と感情を行き来している感覚です。

そして、最後は熱量。

結局、根性論ですか！　って声も聞こえてきそうですが（笑）。

伝えるべきことを伝わるようにするためにどれだけ必死になれるか、特に定着ではクリエイティブディレクターだけでなく、クライアント含めて関わっている全員の熱量がアウトプットに宿ります。

みんなの熱量が十分に注ぎ込まれるように、気持ちを鼓舞するタクトを振り続けるのもまた、クリエイティブディレククターの仕事なのです。

第2章

地域ならではのアイデアの見つけ方、戦い方
～着想篇

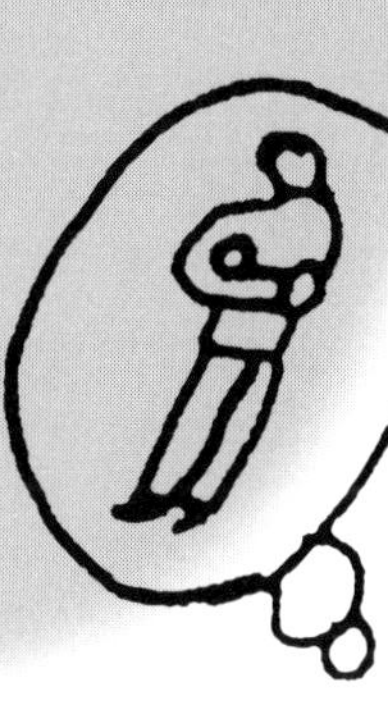

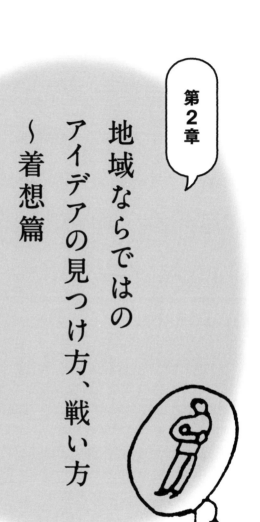

厳しい予算と時間は絞り込みとマルチスキルで戦おう！

クリエイティブディレクションは東京と地域でどう異なる？

僕は、２０１４年12月に独立し、「Creativity for Local, Social, Global」を掲げてクリエイティブブティックＰＯＰＳを起業しました。それまでは新卒で入った東京の広告会社で、車や食品、飲料、化粧品、ゲーム、ＩＴ企業や金融など、いわゆる大企業や官公庁のブランディング、新発売プロモーションなどの仕事にクリエイターとして携わってきました。

地域をクリエイティブで元気にしたい。

２０１１年の震災をきっかけにその想いを抱き、２０１２年、当時の上役に「これからは地域の仕事を中心にやりたいので会社を辞めさせてください」と伝えたときのこと。

「気持ちはわかるけど、地域の仕事やったことあったっけ？　地域の仕事だけでやっていけるの？」

何か達観したようなほほ笑み顔で上司は問いかけてきました。内心、ちょっとムッとしながら、経験も十分に積ませてもらったし、やれる自信はありますと答えました。ですが正直、食べていけるかどうかはあまり真剣に考えていませんでした。まだまだ青かったんですね(笑)。そこから彼が穏やかに話し始めました。

地域企業と東京のいわゆる大企業では、マーケティング戦略の進め方がまったく異なること、0がひとつ少なくなるくらいの予算感であること。

ほぼ全業種の企業ブランディングや新商品プロモーションに関わり、海外や国内広告賞の審査員などもつとめ、毎年、広告賞も受賞していた頃。地域の仕事をたやすく見積もるつもりはまったくなかったのですが、それだけの経験があれば、すぐにでもできるだろうくらいの自信があったのも事実。それらが見事に揺らいでしまいました。

東京と地域のクリエイティブワークの大きな違いのひとつは、案件にかけられる人材コスト。

東京の大手企業で新商品プロモーションが立ち上がると、広告会社内でクリエイティブディレクターの他にコピーライター、CMプランナー、アートディレクター、PRプランナー、WEBプランナー、イベントプランナー、メディアプランナー、ストラテジックプランナーなど多くの専門スタッフが集い、それぞれの専門知識を活かしながらアイデアを出し、企画を詰めていきます。

当然ですが、それらのスタッフすべてに時間単位のフィー（報酬）がかかっているわけです。それは予算があるからできていたという事実をあらためて突きつけられました。これは人材コストだけでなく、制作予算やメディア予算などプロモーションに関わる他の予算でも同じことです。僕は、コピーライターになる前は同じ会社で営業を7年間していたので、予算を考えると東京と同じようにはできないことはすぐに理解できました。ただ、どうすればいいかの具体策は何も浮かんでいませんでしたが。

もうひとつは、1案件にかけられる時間です。

たとえば自動車メーカーの新車のプロモーションは、クリエイティブディレクターが関わるさまざまな案件の中でもかなり長い期間を要するものです。開発スタッフへのヒアリング、テストコースでの試乗など着想でのインプットにも多くの時間を要し、プロモーションのローンチまでに稼働時間は４００時間くらい費やします。車は極端な例ですが、クリエイターの場合、人件費は基本的に時間と連動します。地域で同じやり方をしていても採算がまったく合いません。

「まずはうちの支社と仕事をしてみれば？」

意気揚々と辞める宣言をしに来た僕の意気消沈する心の内を見抜いたように、上司は助言をくれました。ほんとに今でも感謝しているアドバイスです。その後、各支社の営業に相談をして地域の仕事をしていくことになります。支社の営業さんたちは、本社でバリバリやっていたクリエイターが、自ら地域の案件をやりたいなんて言い出したので、もうカモネギ状態で（笑）。当時、まだ広告分野では地方創生なんて言葉も浸透しておらず、広告クリエイターの花形の仕事と言えば大企業の派手な案件だと思われていたので相当めずらしがられました。おかげで2年の間に北から南までかなりの案件数をやらせてもらうことができました。この間、自分なりに学んだことはたくさんありますが、大きくは2つです。

1　地域のクリエイティブディレクターは「ダブラー」であるべし

ブロードウェイなどのミュージカル劇場で、舞台近くで生演奏するオーケストラの楽器隊のいる場所をオーケストラピット（オケピ）と呼びます。観劇の邪魔にならないように10人以下しか入れない程度のスペースであることも多いのですが、その人数でフルオーケストラの音を出します。どうしているのか？　オケピに入る演奏者は「ダブラー」と呼ばれ、一人でいくつもの楽器を吹くことができるのです。しかも、一つひとつの楽器の演奏スキルが高い。地域のクリエイティブディレクターも目指すは「クリエイティブのダブラー」です。

クリエイティブディレクターだけでなくコピーライター、CMプランナー、アートディレクター、PRプランナー、WEBプランナー、イベントプランナー、メディアプランナー、ストラテジックプランナーなどのうちいくつかのスキルを兼ねていれば提示された予算内で質を落とさずに作業できます。僕は広告会社在籍中からコピーワークはもちろん、ＣＭの企画やＰＲの基本設計なども１人でやることが多くありました。地域の仕事をするにあたって、さらにいくつかのスキルや知識を拡張していきました。

ただし、コピーライティングでもＰＲでも、何かひとつ自分のベースになる芯のスキルを持っているダブラーを目指すほうが個人的にはいいと思います。クリエイターとして自分のよりどころがある方がスタッフやクライアントと話すときも、自信を持ってディレクションできます。クラリネットもフルートもホルンもどれもそこそこうまいよりも、クラリネットが抜群にうまいのにホルンもフルートも吹けちゃうほうが頼りがいがある気がしませんか？そんなクリエイティブのダブラーを目指しましょう。

2　提案数は絞り、その分、精度を高める

すべての地域の仕事に当てはまるかはわかりませんが、限られた時間と予算の中で、提案のバリエーションを多くつくることは厳しいと思います。

課題の発見から、コンセプト開発をし、そのコンセプトに基づいた実効性のある企画を生み出すには、かなり綿密な思考作業を要します。僕は東京の大手企業の仕事をしている頃も

案数は多いほうではなかったのですが、今はそのときよりも提案数は少ないと思います。プレゼン作業は前段をまとめるのもそうですが、企画案ではカンプを作ったり、絵コンテを描いたりと、時間とコストを費やします。地域のクリエイターに提案書を見せてもらうと、こんなにたくさんのバリエーションを出しているのかと驚き、提示されている予算を聞くとさらに驚きます。

クリエイティブディレクションするために必要な脳内の作業工程は、大手企業の案件でも地域企業・地方自治体の案件でも同じです。何かを省略したりはしません。時は金なり。限られた予算の仕事だからこそ、案数を絞ることで提案書をまとめる労力と思考の質のバランスを取っていくことも大事です。

地域という大局をつかんでアイデアを見つけよう！

地域の課題こそ、個性であり財産

地域で仕事をしていると、特に「課題の発見」のフェーズで、東京の大企業の仕事では意識することのなかったあるものの存在に気づきます。

それは「地域性」という因子です。

地域特有の抱えている課題が絡んでいるということ。これは地域観光や移住定住の案件だけでなく、地域企業発の商品やサービスにおいても同じです。

たとえば序章でお伝えした「○○おばあちゃんの手作りクッキー」。

これだって、使われている原料、作り手の人たち、つくっている場所など、商品を取り巻く地域のバックボーンに少し立ち入れば、そこにはいろんな課題が隠れていて、その商品があることで地域の課題を救っている場合も多くあります。

逆の見方をすると〝ならではの根源課題〟を発見する上で、地域性にはさまざまな着想のヒントが潜んでいるのです。

東京の大手企業の場合は、与えられたオリエンシート、商品スペックやターゲットを隅々まで見回し、頭をうんうんうならせても、なかなかこれだ！　という光明が見えてこないことがありました。これは、特に一般消費財においては全世界的なコモディティ（標準）化が進んでいるからです。

お菓子であれ、飲料であれ、自動車であれ、ＩＴサービスであれ、優れたものづくりができるのは、いわゆる先進国（この言い方ももう古いと思いますが）だけでは今やありません。世界中どの国でも同じようにできるようになったし、インターネットの登場で、どこかで生まれたものづくりのアイデアはあっという間に世界を駆け巡り、シェアされていきます。

大企業ほど競合との差異こそが勝負どころと考え、枝葉末節の特色を商品プロモーションのコアコンセプトにすえてほしいとクリエイティブディレクターにもリクエストしがちです。ですが前述のとおり、これが日本企業が陥りがちなマーケティングの落とし穴。ある意味、大企業の宿命みたいなものですが、地域の場合はそこにハマる必要はありません。

地域発であることこそ、どこにもまねできない個性になるからです。

その地域が抱えている課題こそ、情報発信するための強力なバリューとなるので、着想ではまずそこをしっかりと探ってみましょう。

地域企業の想いこそ、個性になり、コアバリューになる

地域企業だけでなく、世界全体を見ても、企業フィロソフィーや何のために自分たちが商品をつくっているのかということこそが、生活者がものやサービスを買うメインの動機になる時代に突入したと言われています。

企業やブランドの社会的存在意義を伝えることで、生活者に選択をしてもらうマーケティング活動「パーパスブランディング」という概念も世界的に広がっています。

地域企業の場合、ものづくりをする意義や想いは地域と密接に関わっていることがほとんどです。クリエイティブディレクターが着想する場合、まずはその企業と地域とのつながり、そこでものづくりを続けてきた想いにフォーカスしていくことが、課題の発見やコンセプト開発への手がかりになります。

商品プロモーションの場合、どうしてもその商品特徴ばかりにフォーカスしがちですが、地域という大局をつかむことが大事です。地域にその企業があること自体がバリューなのです。地域の地力を活かさない手はありません。

この地から始まったことの意味や、この地で生み出したものを首都圏や世界各地へと届けていく想いにこそ、大企業や競合にはないユニークポイントや生活者が共感・応援したくなるバリューが潜んでいます。

「アレもコレも言いたい」気持ちはぐっと抑えて「引き算」する

「海も山も川もきれいで温泉もあって、食べ物もおいしくて、意外な知られざる歴史があって、しかも人も親切。そんな街の姿を伝えてください」

ある程度の要素は違えども、このようなリクエストをする地域は北から南までたくさんあります。自治体でも地域企業でも貴重なプロモーション予算を使って情報発信していくのだから、アレもコレも言いたい気持ちはわからなくもありません。

言いたいことの幕の内弁当。

依頼主の意図をすべてかなえようとすると、アウトプットは全部入りの幕の内弁当状態になります。唐揚げなのか、煮物なのか、魚のフライなのか、卵焼きなのか、どれがいちばん気になるおかずかは食べる人次第。お弁当を食べた印象は残るけど、何が印象に残るかもその人次第。たいていのお弁当屋さんには幕の内弁当はあると思うのですが、幕の内弁当を看板弁当にしているところは少ないと思います。

何でも伝えたいは、何も伝わらないと同じ。

情報発信においては、そう思ってください。お弁当を食べてもらうことを目的にするのではなく、自分たちの自慢の逸品を記憶に残すことが大事です。

大企業であれば言いたいことの幕の内弁当であっても、力技で情報を大量投下し、生活者の意識下にプロモートしていくこともできなくはありません（ターゲットによってメディア環境が細分化している昨今ではそれも厳しくなっています）。地域の場合はメディア出稿に大きな予算をかけられることは少ないと思うので、言いたいことの幕の内弁当をつくってそれでお客さんを呼べると考えていては、それこそ生活者を甘く見すぎです。みんなそこまでお人よしではありません。

前述したように超情報過多な日常を生きる生活者にとっては、自分が触れる情報カテゴリーの中でも宣伝や広報は興味関心レベルでは相当低いと肝に銘じましょう。

着想の段階でクリエイティブディレクターに意識してほしいことは、「引き算」です。

自治体や企業から提示された言いたいことは課題解決のために機能するのか、その地域や企業の本質をあらわしているのか、アウトプットしたときに表現として人を魅了できるのか、今を生きる生活者が求めていることなのかなど、さまざまな視点で吟味に吟味を重ねて引き算していきましょう。しかも大胆な引き算です。

「あのポイントはちょこっとどこかに入れてあげてもいいかな」

伝えたい情報に情けを残したりすると、次々と言いたいことの幕の内弁当化が連鎖していきます。クリエイティブディレクターは憎まれ役になっても、バッサリと切る姿勢でいるくらいがちょうどいいと思います。僕らは伝えたいことを伝わるようにするのが仕事です。そのためにはまず、提示された伝えたいことを、クリエイティブディレクターが厳しくオーディションしてください。舞台に上がれるのは精鋭だけです。主役が乱立しても、観客の心には残りませんし、主役が多いと舞台演出も散漫にならざるを得ません。

何でも伝えたいは、何も伝わらないと同じ。

しつこいようですが、着想の段階で伝えたいことをきちんと整理できてないと後々挽回するのは困難になるので、しっかり留意してください。

事例からひもとく着想のヒント

事例1　鳥取市「すごい！鳥取市」＠鳥取県

なんにもない市、鳥取市？

２０１４年度の鳥取市のシティプロモーションにクリエイティブディレクターとして参加しました。自治体の案件は基本プロポーザル（競合コンペ）方式なので、いくつかの提案の中から採用されるかどうかが決まります。

当時、鳥取市としては初めてのシティプロモーションの実施で、全国でもまだシティプロモーションを実施している自治体は少なかったと思います。仕様書（オリエンシート）で提示されていたのは「鳥取市のイメージづくり」「移住定住の促進」「全国からの観光客の誘致」「ふるさと納税の周知拡大」「特産品の全国アピールと周知拡大」。予算規模から考えるとまさに言いたいことの幕の内弁当状態でした。初のシティプロモーションですし、やはりここは「鳥取市のイメージづくり」を最優先としていくことを決めて着想に入りました。

早速、鳥取市の人たちが自分たちの地域をどう感じているのか、現地の人たちのインタビューを実施しました。

「すいません、砂しかなくて」

これは仕事終わりに集まってくれた現地の若い人から開口一番に出てきた言葉です。他の参加者からも、スタバもセブンもありません（今はあります！）、20時過ぎると人もいません、シティプロモーションって必要なのでしょうか？　と続きます。同席していた現地の広告会社の担当者たちも、苦笑いを浮かべながら「すみません、そういう土地柄なんですよね」と申しわけなさそうに話していました。

鳥取市は県庁所在地で知名度もあるし、砂丘もあって、カニもおいしそうだし、いいところだなとヨソ者の僕は感じていたのですが、住んでいる人の発言を聞いてちょっと驚きました。いい言い方をすれば謙虚、逆の言い方をすれば自虐的。

地域の場合、外から見るイメージと中の人たちが抱いているイメージがズレていることは多い……というか、ほとんどがそうだと感じます。鳥取市とは逆で自信満々な地域もあります。なのでシティプロモーションのような地域自体のブランディングを実施する場合は、外と内の意識的なギャップはしっかり把握しておきましょう。

あまりにも〝ない〟ことを語る方が多かったので、それをテコにイメージ醸成をするやり方もあるなと思い、仮のコンセプトを現地の広告会社の方に提示しました。

「なんにもない市、鳥取市」

なんにもないと見せかけておいて実は豊かな鳥取市へと着地させる流れをイメージしていました。ＰR的な露出もある程度見込めそうだし、僕的には算段は立っていましたが、鳥取市の広告会社の営業の方たちの反応はというと、

激怒……。

自分たちで言うのはいいけど、ヨソの人には言われたくない、と。えっ、あんなに自分たちも同感してましたよね？　と思いつつ、ここにも内と外の意識の違いが潜んでいたのです。でもおかげでヒントが見つかりました。

誇りがないわけではなく、眠っている状態、まずはそれを揺り起こしていくことを最優先にしようと指針を定めました。

着想の段階ではいろんな情報を取り込みながら、それらをさまざまな視点で見ていくことが大事です。その中から、これだ！　という視点が見つかることがあります。着想の段階では、常にアンテナを最高感度にしておきましょう。

"すごい!鳥取市"ポスター

TOTTORI DISCOVER TOTTORI

提案のコンセプトは、鳥取市の人たちが自分たちで鳥取市の魅力を発見するという意図で「TOTTORI DISCOVER TOTTORI」としました。そのコンセプトに基づいたキャンペーンコピーは、「すごい!鳥取市」。「なんにもない市、鳥取市」とは真逆にしました。

企画の内容は、鳥取市民を対象に自分たちが思う「すごい!鳥取市」ネタを100個選出する目的のワークショップを開き、そのネタを特設サイトで発表していくというもの。

僕らの提案は複数の事業者の中から採択され実施となりました。実際のワークショップでは、「今年度は『すごい!鳥取市』として全国に発

“すごい!鳥取市”特設サイト

信していくので、みなさんのネタ出しにその成否がかかっています。１００個見つかるまでは帰れませんので!」と１００人ほどの市民にハッパをかけながら進行しました。

ワークショップで選出した１００ネタは特設サイトで公開。市長の記者会見やＰＲリリースも展開しました。初年度は対外的には特設サイトの公開だけでしたが、リリースを見た東京のテレビ局数社がワイドショーで取り上げてくれて、予想を大きく超えて５億円以上の広告露出になりました。

当時、深夜帯のテレビ番組などで自虐的な地域としてよくイジられていた鳥取市が、自ら「すごい!鳥取市」と反逆の狼煙を上げたことを面白がってくれた結果だったと思います。

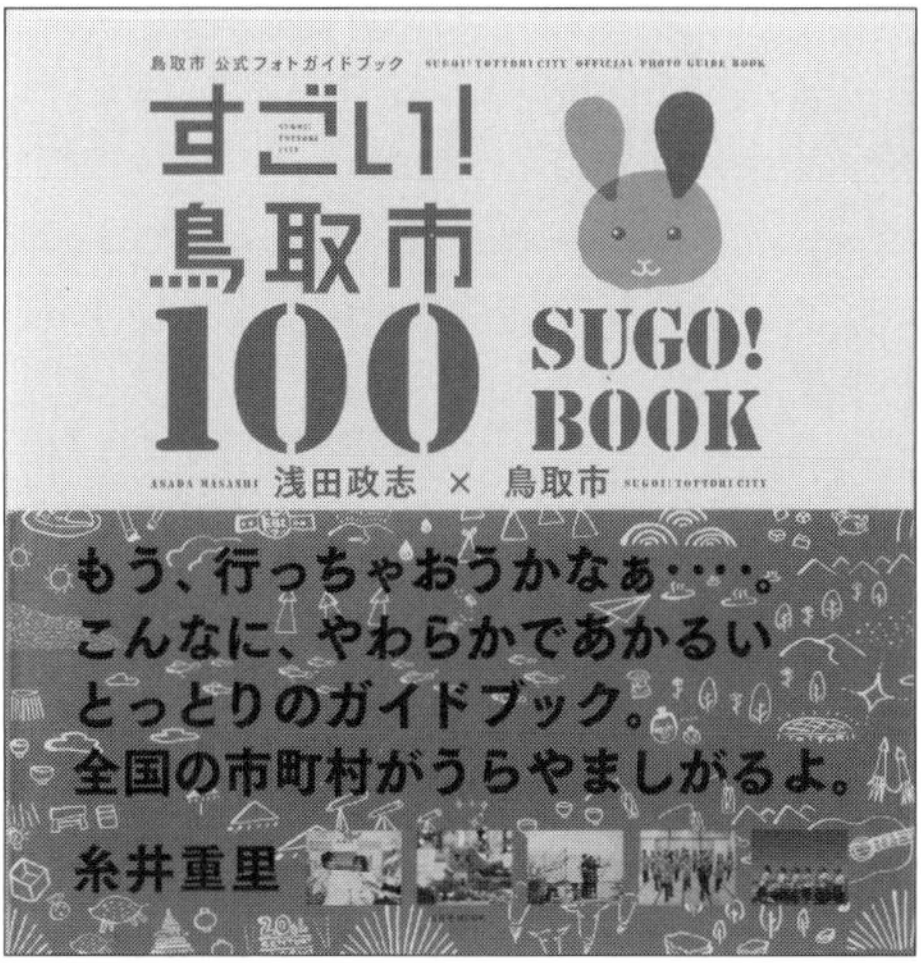

"すごい！鳥取市"公式フォトガイドブック

予想以上に大きな対外的な露出効果があったのですが、僕としてはまず鳥取市民のシティプロモーションへの興味関心を高めることを意識していました。そういう観点では、外からの評判は市民には効果的だったと思います。特設サイトでは自分の推しネタにいいね！をつけられるボタンを設置して、いいね！数に応じて表示ランキングが変動するしかけなども施し、市民の参加性を意識した組み立てにしました。

公式フォトガイドブックを出版

２年目には鳥取市公式フォトガイドブック『すごい！鳥取市１００ＳＵＧＯ！ＢＯＯＫ』を全国出版。市民が出してくれた１００ネタを写真家の浅田政志さんが撮り下ろし、１００ネタの解説を添えた鳥取市のフォトガイドブック

『すごい！鳥取市100SUGO!BOOK』

です。写真撮影では多くの市民のみなさんにも協力いただき、登場してもらいました。2年目は1年目の財産を土台に対外的な露出を高めていくのはもちろん、市民に鳥取市に誇りを持ってもらうことを重ねて意識しました。

「裏山の神社の鳥居が小さすぎてくぐれなくてすごい！」「飛砂注意の看板があるのがすごい！」「豆腐なのかちくわなのかわからないとうふちくわがすごい！」など、観光ガイドブックには載っていないような市民発の地元ネタのオンパレード。それを浅田政志という著名な写真家が撮る。それが本になり、新宿紀伊國屋書店など全国の書店に並ぶ、という一連の体験を市民の人たちにしてほしかったのです。

「よく行くあの場所がこんな楽しい写真になっ

“すごい！鳥取市”ラッピング仕様の観光タクシー

て紹介されてる！」

「東京の娘から鳥取市の本が書店で平積みになってたと連絡があった」

そんな声が市民のＳＮＳを中心に広がっていくことで、自分たちの鳥取市に誇りを持つ空気が醸成されていくことこそが、鳥取市〝ならではの根源課題〟の処方箋だと考えていました。

この本は地元の観光タクシー協会がまとめて購入し観光タクシーのガイドブックとしても使われたり、１００ネタを選出するワークショップがきっかけとなり生まれた市民グループが今もさまざまな地域活動を広げています。

写真集の発売などこれまでの自治体にはないプロモーションが話題になりましたが、当時、民間から起用された戦略広報監の方の存在が大きかったのも事実です。クリエイティブディレクターだけでは情報発信はうまくいきません。情報発信の広がり方のイメージを共有し、共に考え、後押ししてくれるクライアントがいてこそです。クライアントと共創していくことの大切さや楽しさを強く教えてもらいました。シティプロモーションの場合、対外的なプロモートを主眼に置くことも大事ですが、地域によっては、地元住民の意識を変えていくきっかけづくりも重要なミッションになると、僕自身が気づかせてもらった仕事でした。

事例2　今帰仁村観光協会「今帰仁ベンチ」@沖縄県

「ドローンでドーンと！　いい動画をお願いします」

沖縄県今帰仁村観光協会からの依頼は、観光プロモーション用の動画制作でした。沖縄はプライベートでも何度か訪れたことのある観光地でしたが、今帰仁村は未踏の地。まずは現地取材に赴きました。到着した観光協会さんで動画のイメージはありますか？　と尋ねたところ、

「風景は抜群なんでドローンでドーンと！　いい動画をお願いします！」

との言葉。

観光協会の方々が説明してくださるには、「今帰仁ブルー」と呼ばれる海の青さは沖縄でも随一だということ、世界遺産にも指定されている今帰仁城跡や一直線に長く伸びる橋でつながる古宇利島など、他にも誇れる絶景ポイントがいくつかあるとのことでした。

そして当時の観光ポスターのキャッチフレーズは、「ぬーんねんしが、今帰仁村」。意味は「なんにもないけど、今帰仁村」。

確かにドローンで雄大な海からの眺めなどを撮ればいい絵になりそうなのは容易に想像できます。ただ当時、4Kで撮影したドローンの観光動画が各地でいくつも上がっていて話題になっていました。その中に割って入る勝負が効率的かどうかまでは疑問でした。ただ、この時点ではいきなり否定をせずに今帰仁村を案内してもらいました。

今帰仁村には10近くの浜があり、村民の人たちしか行かないビーチにも案内してもらいました。どこも素晴らしい砂浜と海の色。実際、その場に行って見る海の色は本当に美しく、沖縄南部とはまた違う趣で、村の人たちが今帰仁ブルーと名づけるのも納得できました。ですが、この青の違いを映像にしたときにどれだけ来訪へのキラーコンテンツになるだろうか、視聴者は他の沖縄の海との違いをスマホ画面越しで認識してくれるだろうか、などと浜を歩きながら考えていました。

海水浴場としている浜もいくつかあったのですが、駐車場に草が生い茂っていたり、シャワーが壊れているところもありました。宿泊施設もいくつか回ったのですが、比較的小さなペンションなどが多く、当時は沖縄県内によくある大きなリゾートホテルもありませんでした。

観光動画を見て多くの人が来たときに受け入れられるのかな？

現地を視察しながらそんな疑問が浮かびました。仮にドローン映像を公開して、今帰仁の大パノラマ風景を目当てに若い女性たちが訪れたとして、シャワーが壊れていたらどう思うだろう。がっかりした様子をＳＮＳに上げたりするかもしれない。そんなことも思いました。

そんな中、どんな観光客に来てほしいですか？　と尋ねると意外な答えが返ってきました。

「誰にでも来てほしくはない。村を荒らされるのは嫌だ」

観光バスが乗りつけて大勢の人が大挙してやってくるようなことは、求めていないと。

今帰仁村のある沖縄北部は南部に比べると観光開発では少し後れを取っています。ただしその分、沖縄特有の大きなお墓が至るところに残っていたり、伝統的な先祖崇拝も継承されていて、住民同士のつながりも強い地域です。今帰仁の人たちは、沖縄南部の開発の裏で地域のつながりが弱くなってしまった現実も知っていて、観光地として人を呼びたいけれども、自分たちの地域のつながりは大事にしたいと考えていたのです。

ここで一度、今帰仁村にフォーカスしていた視点を広げました。

沖縄観光って国内観光旅行の中でどんな位置づけなんだろう？
自分の沖縄観光を振り返ってみると、仕事に疲れて癒やされたいなと思ったときに浮かぶのが沖縄。広告会社勤務時代、難しかった案件が終わり疲労困憊《こんぱい》で遅い夏休みを取ったとき、示し合わせてないにもかかわらず、担当営業と僕を含めたクリエイティブスタッフ4人がそれぞれ沖縄に行っていたこともありました（笑）。

癒やしを求めて羽田から飛行機に乗り、那覇空港に着いてまずやるのがレンタカー会社の迎えの列に並ぶこと。いろんなレンタカー会社の案内人が大きな声で会社名を告げわれ先にと急ぐ旅行客の波。順番待ちを経て車を借りたらナビに行きたいお目当ての場所をいくつか入力し、足早に次々と散っていく。そして、あっという間の2泊3日が終了。そんな体験を今帰仁村で思い返していると、ゆっくりと癒やされるために来た沖縄旅がFAST化（ファーストフードの意のファースト）してるかもしれないと感じたのです。

「あんた、どっから来たね？」

村を歩いていると、ほぼ100パーセント声をかけられます。そもそも人も少ないのですが、村民と出くわすと必ず向こうから声をかけてくる。中には、「もうお昼食べたの？」と昼ごはんの心配までしてくれる人も。その話を観光協会の方にしたところ、こんなふうに言われました。

短編動画「今帰仁ベンチ」

「田中さんがいきなり今晩泊めてって言ったら、7割の家は泊めるさ」

日本の各地を回っていて、たいていの田舎町は人が優しくて親切なのですが、今帰仁の人たちの優しさというか、ほっとかなさには正直、驚きました。

今帰仁の集落では民家や商店の軒先に小さなテーブルや椅子、ベンチが置かれているのがそこかしこで目につきます。沖縄弁でおしゃべりのことを「ゆんたく」と言うのですが、今帰仁では仕事終わりなどに近所の人たちが集まっておしゃべりする風習がまだ残っていると教えてもらいました。かつては沖縄全体にあったそうですが、那覇のほうではもうあまり見られないそうです。これらの話を聞きながら、今帰仁村の観光動画の着想はほぼ固まりました。

SLOW OKINAWA

動画のコンセプトは「SLOW OKINAWA」。今帰仁村を単体でプロモートするよりも、沖縄という世界的な観光地のイメージをテコにしようと考えました。ターゲットは初めて沖縄を訪れる沖縄初心者ではなく、沖縄を何度か訪れている沖縄旅の中・上級者にして、いつもの沖縄リゾートとはひと味違うスローな沖縄を楽しめますよと伝える戦略です。

今帰仁村は那覇から車で約1時間半。沖縄の北西部に位置する村で、コンビニも最新のリゾートホテルもないけれど、アットホームな宿泊施設や民泊が盛んで村の人との交流を味わえる。観光バスやレンタカーで駆け抜けていく沖縄ではなく、時に立ち止まったり、腰かけていつもよりゆったりすごせる沖縄があるよと。

「ＳＬＯＷ　ＯＫＩＮＡＷＡ」をコンセプトとした動画企画はドローンを使ったダイナミックな空撮映像ではなく、ひとり旅の女性を主人公にしたドラマ「今帰仁ベンチ」を提案しました。プレゼンでは「ここにしかない沖縄は、海の青さよりも、世界遺産よりも、今帰仁の人の中にある」と伝えました。

動画で描くのは、東京から一人で訪れた女性と今帰仁の人たちの人間模様が〝主〟で、浜や海、今帰仁城跡など今帰仁の風物は〝従〟の要素です。懸命に取り組んできたプロジェクトが頓挫し、癒やしを求めた恋人にも冷たくされ、一人になりたいと今帰仁にやってきた女性。行く先々で彼女を気にかける村人たちと出会っていきます。ほっといてほしいと思っていた彼女でしたが、村ですごすうちに心境の変化が起きてくる。

「ひとりになりたかったんじゃない。ひとりでいても、ひとりじゃない場所を探してたんだ。なんにもないけど、なんだか満たされる場所。ここはＳＬＯＷな沖縄、今帰仁村」

という彼女のセリフでストーリーは幕を閉じます。そこには背伸びをしない等身大の今帰仁村の姿があり、一人旅という受け入れ態勢にもほどよいターゲット像が描かれています。一見、エモーショナルなドラマに見えますが、コンセプトに沿って、緻密に計算しながら人物設定やシナリオをつくっていきました。

定着フェーズ（制作作業）は、脚本を書いた僕と主人公を演じた女優さん以外は、監督、カメラマン、登場人物含めすべて沖縄の人たちとつくりました。やはり、今帰仁の人の内面までをリアルに感じてもらうには、沖縄のスタッフの力でつくり上げることが必要不可欠だと考えたのです。

この動画を見て一人で今帰仁を訪れたという広告業界の人の話をいくつか聞きました。疲れている人が多い業界なんでしょうね（笑）。個人的には地元の人たちが喜んでくれたことがとてももうれしかったです。観光資源として恵まれた青い海や今帰仁城跡だけじゃなく、今帰仁の人たちこそ、かけがえのない地域の資産であること。そんな気づきが地域の次の呼び水につながっていくのだと思います。

事例3　七福タオル「父と娘」@愛媛県

会社として何か発信したいから、ＣＭをつくってほしい

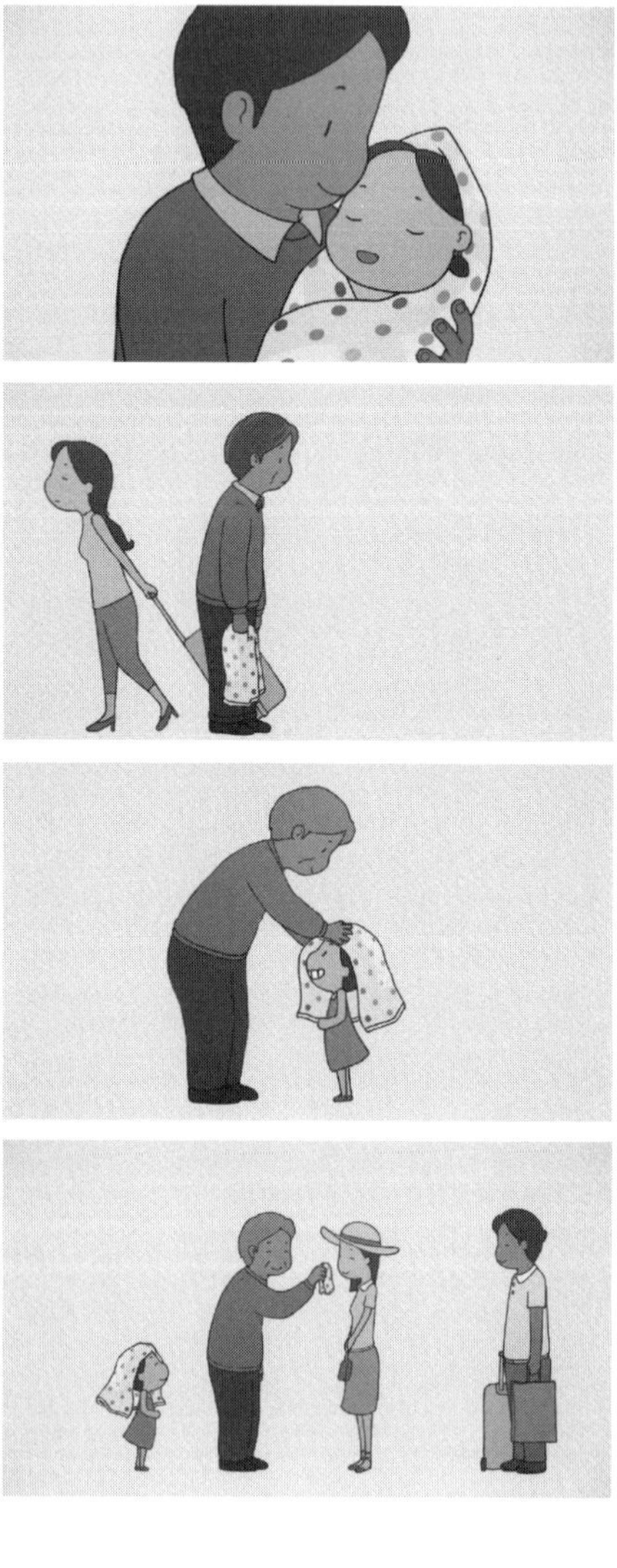

短編動画
「TOWEL STORY ～父と娘～」』

愛媛県今治市にあるタオルメーカーである七福タオルの社長から、「ＣＭをつくってみたい」と相談を受けました。当時僕は今治タオルの仕事をしていました。今治タオルは地域ブランディングの代表的な成功事例とされますが、今治タオルという会社があるわけではありません。地元のタオル製造会社の組合が母体の今治タオル工業組合という組織があり、その認定ブランドです。今治タオル工業組合には１００社以上のタオル製造会社が組合員として参加していて、七福タオルもそのひとつ。今治タオルのプロモーションの打ち合わせをしていたところ、帰り際に声をかけられ、先のような話を受けました。

後日、あらためて七福タオルに伺い社長から話を聞きました。ＣＭと言ってもメディア出稿予算から考えて、テレビではなくＷＥＢで流すものになりました。そのときは具体的に伝えたいテーマがあるというよりも、今治タオルとしてではなく、七福タオルとして何か伝えたいというオーダーでした。

現地で吸水性や織り方など七福タオルとしての特徴やこだわりをていねいに説明していただきました。ですが、今治タオル自体、厳しい認定基準があり、高い吸水性や肌触りのよさで知られています。その中で七福タオルならではのスペックの違いは、正直細かすぎて生活者にとっては認識しづらいだろうと感じました。それをネタに企業ブランドを語っても投資効率はよくないだろうと。

ました。

家族をつなぐタオル

「社長はどんな想いでタオルをつくっていますか？」

工場や製品を見せていただきながらひととおり説明を聞いた後、ロビーで社長に質問をしました。

「うちのタオルは家族をつなぐ存在でありたい。そう思ってタオルをつくっている」

社長はそう答えてくれました。タオルは家にあって当たり前の存在であり、普段は特段気にかけられるものではない。でも、家族をつないでいるんだと。たとえば、父親とロクに口も聞かない反抗期の高校生の娘がいる家庭。でも、そんなときでも洗面所では同じタオルで娘と父親が手を拭いたりする。目立たなくてもいいからそんな存在でありたいのだと。

僕はとってもすてきな話だと思いました。タオルとしてのスペックも素晴らしいけれども、社長のタオルづくりに込めた想いこそが七福タオルのコアバリューになると考え、社長の想いを「家族をつなぐタオル」というコンセプトにして動画企画を提案しました。

父と娘の半生を描き、一緒にいるときもすれ違うときもふたりの間にタオルが存在していたエピソードを重ねていく2分程度のアニメーションです。社長が話してくれた内容から着想を得たアウトプットでした。

この動画をつくるプロジェクト、社長は社員には一切内緒にして進めていました。動画が完成し、社員を集めての納涼会の日にサプライズ上映したところ、一瞬、場が沈黙したそうです。社長は「あっ、やっちゃったかも」と思ったそうですが、その後、どっと拍手が沸き起こり、若手社員から、自分たちのつくっているタオルに誇りが持てる、七福タオルがこんな想いでタオルをつくっていることを知ってもらえるのはうれしい、などと声をかけられたそうです。対外的な発信だけでなく、インナーにカンパニープライドが醸成できることも企業ブランディングの効果です。

この動画にはナレーションがなく、絵と音楽だけで構成されています。七福タオルは海外にも取引先を広げていて、社長自らｉＰａｄを持って海外営業に赴くこともあると聞いていました。であれば、ノンバーバル（言語に頼らない）仕様にすることで、現地で会社説明する際にまずこの動画を見てもらい、七福タオルがどんな想いでタオルをつくっているか短時間で伝えられるのではと考えました。日本人の父と娘の話がヨーロッパなどで伝わるかなという一抹の不安はあったのですが、家族の話は万国共通のようで、商談の場でも活用されているようです。アニメに登場するタオルは「ポップカラー」という七福タオルのいちばんの人気商品の柄で、動画を見てサイトから購入される人もいるそうです。

事例4　朝日酒造「朝日山で、話そう。」@新潟県

認知度90パーセント以上の商品のリブランディング

新潟の老舗酒造メーカー朝日酒造から、「朝日山」という日本酒のプロモーションの提案依頼がありました。朝日酒造には「久保田」という全国でも知られる日本酒がありますが、今回のお題は「朝日山」。主に新潟県内で流通する、地元で飲まれるお酒です。その売り上げ向上につながるリブランディングを考えてほしいとのことでした。商品が知られてないから売れないということはよくありますが、「朝日山」の場合は県内の認知度は90パーセント以上あるのに伸び悩んでいるという状況でした。

これは「朝日山」だけの話ではなく、日本酒というカテゴリー全体の国内消費がここ数年下がっている中での課題です。では誰がお酒を飲まなくなったのか？　大きくは若者たちです。日本酒だけでなくアルコール全体に言われていることです。

「どうせ若者は飲まないのだから、そこにコミュニケーション投資をしても無駄ではないか」

そう思う人もいるかもしれませんが、やはり若い世代に対してアプローチをし続けなければ、いずれ購買層は先細りして、やがてブランドは衰退していきます。すでにいろんな経済書にも書かれているとおりです。若い世代をターゲットにするのですが、そもそもアルコー

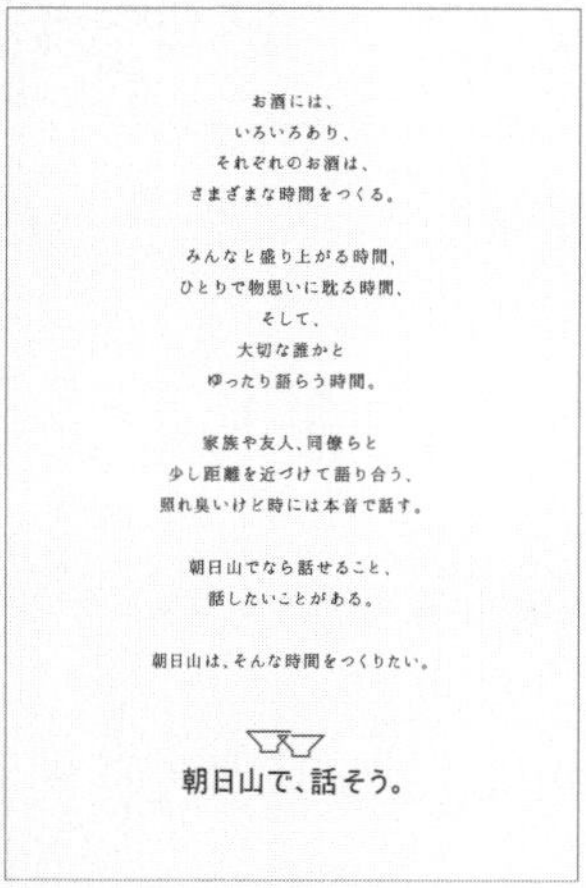
お酒には、
いろいろあり、
それぞれのお酒は、
さまざまな時間をつくる。

みんなと盛り上がる時間、
ひとりで物思いに耽る時間、
そして、
大切な誰かと
ゆったり語らう時間。

家族や友人、同僚らと
少し距離を近づけて語り合う、
照れ臭いけど時には本音で話す。

朝日山でなら話せること、
話したいことがある。

朝日山は、そんな時間をつくりたい。

朝日山で、話そう。
"朝日山で、話そう。"
ステイトメントシート

ルを飲まない人へ投資をしても厳しいので、アルコールをたしなむけれども日本酒を選ばない若者たちに狙いを定めました。

着想は、若者がアルコールを飲まない理由ではなく、アルコールを飲む理由とは何だろう？というところからスタートしました。

いくつかの調査データから見えてきたのは、彼らがお酒を飲む理由は、コミュニケーションのためということです。上の世代が家で晩酌するのとは違います。晩酌はどちらかというと自分がお酒を楽しむためですが、若者がお酒を飲むのは仲間とすごす時間を楽しむため。20代、30代の若者のいちばんの関心ごとは、SNSに象徴されるように〝つながる〟こと。そこを視点にして全体を組み立てていきました。

短編動画
『朝日山で、話そう。～父と娘～』

短編動画
『朝日山で、話そう。～同級生～』

短編動画
『朝日山で、話そう。～二次会～』

「朝日山」をコミュニケーションツールとしてポジショニングする

「朝日山」をお酒としてではなく、コミュニケーションツールとしてプロモートしていくことをコンセプトとしました。「朝日山」に若者にとっての新役割を付与する戦略です。若者を日本酒の世界に誘い込むのではなく、若者同士がつながるための有用なツールとして「朝日山」を使ってもらう。

調べてみると若者が仲間と楽しむときに飲むのはサワーやハイボールのようなライトなアルコールでした。それらのお酒はどちらかというと、みんなで騒いでストレス解消したいときににぎやかな場を演出してくれるイメージ。日本酒はしっぽりと落ち着いた雰囲気の中、おちょこ片手に少人数で語らいたいときに場を温めてくれそうな感じがあります。

調査データを見ていくと、若者が誰かとつながりたいために時間を費やすSNSは、やっている人ほどバーチャルではなくリアルにつながりたい欲求が高まる傾向がありました。また「エモい」という言葉に象徴されるように、彼らはエモーショナルな事象にも関心が高い。「朝日山」をエモいコミュニケーションをしたいときのツールとしてブランディングしていく企画の骨子が固まり、3組の若者をメインキャストにした動画、ポスターなどをシリーズで制作し新潟県内で展開しました。

キャンペーンスローガンは、「朝日山で、話そう。」。

久しぶりに再会した友だちに、幼い頃の小さな裏切りを告白するサラリーマン。

友だちの結婚式の帰りに、同じ人を好きだったことを語り合う独身女性2人。

娘にめっぽう弱い父親に結婚相手を紹介する、自由奔放な娘。

しっぽりとしたエモい語らいの場のそばに「朝日山」があることを表現しています。

動画に流れる音楽はEVISBEATSの歌う「いい時間」というヒップホップ。アウトプットを構成する要素は日本酒文脈から取り入れるのではなく、ターゲットである若者が心地よく感じるかどうかを念頭に、そこに「朝日山」が仲間入りする感覚でまとめています。

地域クリエイティブにおける映像の役割

ストーリー化のひとつの手段として映像表現は有効

地域のスペックをストーリーにする際、映像表現はいろんな意味で効果的です。ターゲット視点で見れば、生活のメインデバイスがスマホになり、中でも動画を見る時間は年々増えているので接触できる機会が多い。伝える側の視点で見れば、動画は、風景、人物、しぐさ、言葉、音などさまざまな要素をひとつのコンテンツとして紡ぐことができるので統合的にメッセージを体感してもらえる。

これから5Gが普及していくと、さ

らに動画がコミュニケーション手段として大事な役割を担っていくと予想しています。

動画には3つの種類がある

Googleが提唱している動画マーケティングの考え方に「3H戦略」というものがあります。役割ごとに、HERO、HUB、HELPというカテゴリーに分けて動画を展開することがブランディングや販促活動に効果的だというもの。地域のPR動画の戦略を考える上でも有効な概念なので、知っておくとよいでしょう。

個人的な解釈も加え、僕は以下のように整理しています。

1 HERO動画

新しいお客さんを獲得する役割。

地域観光で言えば、まだ訪れるかどうかさえ考えたこともなかった人、商品で言えば、その存在さえ知らなかった人に向けて興味喚起のためにつくるもの。潜在的なニーズの掘り起こしとして機能します。HERO動画はこれまで関心のなかった人たちを振り向かせるものなので、人の普遍的な感情を刺激するようにつくります。3つの動画の中でもっとも人をひきつけるパワーが必要です。

2　HUB動画

見込み客を引き入れる役割。

HERO動画を見て、「あの場所、面白そう」「共感できるブランドだなぁ」と感じてくれた人に向け、その関心を強固にするためにつくります。興味関心を持ってくれた見込み客に対して、地域観光やブランド、商品が提供できる価値を共感性を持って伝えるのがポイント。見込み客と言っても「ちょっといいいな」と思っているくらいの段階なので、いきなりこちらの言いたいことを詰め込みすぎると引かれるので注意しましょう。

3　HELP動画

晴れてお客さんになった人に今後も利用を継続してもらう役割。

地域観光の場合は、訪れた際に便利な情報やお得な情報、商品の場合には使い方や困りごとの対処法などをわかりやすく伝えましょう。HELP動画はすでにお客さんになっている人に目的を持って視聴してもらうものなので、まわりくどくなくシンプル&的確に表現することが必要です。

動画と言ってもその役割によって狙いも、つくり方も変わってきます。動画はつくることが目的ではないので、動画を何のためにつくるかを明確にした上で戦略的に使っていく方が断然効果的です。

再生回数前提は本来の目的を見誤る

いわゆるバズることだけを目標にするのはオススメしません。個人アカウントで登録者数を増やしたり、ユーチューバーとして稼ぎたいならそれもアリかもしれませんが、ここで前提にしているのは、クライアントのファンを増やすための動画です。

こういう話をすると身もふたもないのですが、YouTubeならGoogleにメディア費を投下すれば（広告として出稿すれば）、再生回数は増やせます。バズるからといって戦略もなく過激な表現に手を出してしまうと、狙いとは違うターゲットばかりが盛り上がったり、炎上してブランドを毀損《きそん》させる可能性もあります。

再生回数を上げることも大切なのですが、同時にその質を求めましょう。

質を見るひとつの指標がエンゲージメント率です。

エンゲージメント率を高めよう

エンゲージメント率という言葉。日本語でいうと〝キズナ高まった率〟でしょうか。

何人に見られたかではなく、何人の気持ちを動かしたか、という指標です。

動画の効果を計る場合も、このエンゲージメント率を意識しましょう。YouTubeで言えば、再生回数より も高評価ボタンや低評価ボタンの押された数。100万回再生されていても、高評価が0件だと、エンゲージメント率は0。見る人はいたけど、ボタンを押す気持ちには至らなかったということです。HERO動画としてリリースしたものであれば、投資効果としてはかなり厳しい結果、というか失敗だと思います。

エンゲージメント率の算出法には決まったものがあるわけではありません。単純に高評価の数を再生回数で割ったり、高評価と低評価の割合を調べたり、動画がツイートされた数など他のSNSでのシェア数量を計測したりとさまざまです。本格的な数値化はSNSを解析する会社などに依頼する必要が出てきますが、まずは自分たちなりのエンゲージメント率の指標を持つことから始めましょう。

クリエイターとクライアントの間で、再生回数に加えてエンゲージメント率について事前に話しておくと、表現の好き嫌いではなく、人の気持ちを動かすかどうかという点で建設的な意見交換ができます。

手法から入るのはやめよう

「ドローンや4Kなどの最新機器を使用してください」

動画案件ではこういうオリエンもよくあります。いい機材を使ってほしいという気持ちはわからなくもないのですが、目的からすると本末転倒です。伝えたいことや伝えたい相手のことは考えずに、先に映像機器を指定しているのですから。伝えたいことが伝えたい相手に届くための企画が先で、それを効果的に表現するにはどんな映像機器がいいかを決めていくほうが理にかなっています。

地域のインバウンド観光誘致を目的とした動画には、4K、ドローン、小型カメラを駆使した同じような構成のものが全国各地にたくさんあります。日本人が見れば、地域性の違いを認識できるのかもしれませんが、海外の人から見たら日本であることはわかってもらえても、その地域本来の特性までその動画で訴求できているのかはかなりあやしい。このような構成の動画をHERO動画として使っているのなら、投資効果は薄いと思います。

日頃から映像の表現手法を勉強しておくのは大切ですが、道具は使いこなしてこそ。道具に使われないようにしましょう。

第3章

地域ならではのアイデアの見つけ方、戦い方
～企画篇

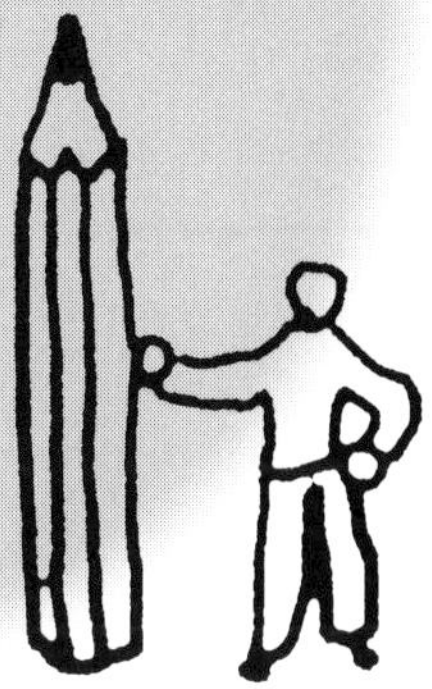

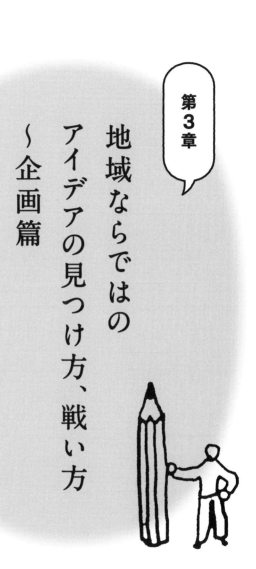

企画段階で意識すべき大切なこと

〝もの〟を〝ものがたり〟に紡ぐ

ものがたりが大事。

これはいろんなところで言われていますし、今となっては新しい考え方ではありません。でも、特に地域の情報発信におけるクリエイティブワークフローの企画段階では意識してほしいことです。

この原稿を書いている2021年8月現在、僕は38都道府県で仕事をしていますが、各地を訪れるたびに日本は地域の特色が色濃い国だなと気づかされます。そして、その地域固有の地域色にこそ、日本中の人たち、世界各国の人たちをひきつける源泉が眠っています。

「本当にうちの地域にはこれといってなんにもなくて」

もしくは、

「海も山も川も食べ物も人も自慢できます。あっ、それから……」

地域に行って取材をすると、このどちらかに分類されることが多いです。地域企業の場合もまったく同じです。

「これといった特徴はないのですが」

もしくは、

「スペック、コストで言えば大企業にも負けません、技術的にも……」

何もないか、何でもありか。どちらのパターンであっても、まずはクライアントから提示された〝もの〟に関連する地域の事象を棚卸ししましょう。その後それらを並べ吟味して適切な材料を選び、ひとつの筋があるものに構築していく。バラバラのままではなく、クリエイターが文脈を創造して新しいものがたりを紡いでいくのです。

地域にある自然、文化、歴史、伝統、工芸、食、人などは、地域を構成するスペックです。ただ、スペックをそのまま羅列しても、人はなかなか関心を持ってくれません。それらを原資にして魅力的なストーリーにすることで、能動的に自分の時間を使い情報を取り込んでくれるようになるのです。

たとえば、にんじんとジャガイモと玉ねぎと鶏肉があって、それをそのままの状態で出されて「おいしそう！　食べたい！」と喜んで食べる人は少ないですよね？　でも、そこに料理人が関わることで、食べてほしい人の嗜好や気分に応じたスパイスや隠し味が加えられ、その素材はカレーになったり、サラダになったり、肉じゃがになったり、時には独創的な創作料理になったりします。料理を食べた人は、その一皿の中でにんじんやジャガイモ、鶏肉の味わいにあらためて気づき、素材の活かされ方に感動を覚えるのです。

地域でクリエイターが行う企画作業もこれと同じです。地域にある〝もの〟を材料にして、生活者の心を動かす〝ものがたり〟を紡いでいく。

「うちの地域は本当に変化に乏しいところで」

これも地域を訪れるとよく聞く言葉です。変化について行けず周囲の流れに取り残されてしまいアピールするものがないと。でもそれはまったく逆で、こんなに変化の激しい時代の中で、変わらずにあり続けたものにこそ、その地域ならではの貴重な資源が埋まっているはずです。よくぞ変わらずにいてくれたと、むしろ喜ぶべきことだと思います。

ただ、それらのスペックをそのままお皿に盛っても生活者の触手は伸びません。お皿だけを凝って装飾を施したものにしてもダメです。棚卸ししたスペックをすべて並べ、ターゲットや時代性を鑑みて、どれを取捨選択して料理するかの判断が大事になってきます。

企画でやるべき作業は、地域の〝もの〟を〝ものがたり〟に紡ぐこと。地域が培ってきたスペックにひとつの筋を与えてオリジナルストーリーにすること。

〝ものがたり〟と言っても、いわゆるお話だけを指すわけではありません。CM、動画、WEBサイト、ロゴ、ネーミング、ポスター、写真集など、表現手法は自由です。伝えたいスペックがひとつのコンテンツとして、情報摂取されやすい形になっていればいいのです。着想で得たコンセプトに沿って地域のスペックを材料にし、ターゲットの情報摂取欲をそそるレシピを開発しましょう。

ソーシャルソリューションを意識しよう

世界は課題に満ちている。

いきなり大きな話をしているようですが、これは地域も同じです。

国連が提唱している持続可能な開発目標SDGsや、環境（E）、社会（S）、ガバナンス（G）を考慮したESG投資、フェアトレードや環境に配慮された倫理的にクリアな商品を購入しようというエシカル消費など、その影響は一部ではなく、今や経済活動の根幹になりつつあります。

ストローの脱プラスチック化。僕は日本ではかなりゆるやかにしか進行しないだろうなと思っていたのですが、予想を裏切り一気に進みました。裏を返せば、そうしないと生活者から選ばれなくなるという現実を企業も察知しているから。

特にミレニアル世代やZ世代と呼ばれる若い世代は、企業姿勢やブランドの態度に敏感です。ストローの脱プラスチックを決めたという企業情報がPRリリースとしてニュースになり、それが企業価値を向上させ新たな投資を呼び込む時代になっているのです。地域企業も地域自身も世界の課題を解決する役割の一端を担わないと、生活者から選んでもらえなくなるのは確実です。

地域は課題に満ちている。

若年層の流出、過疎化に伴う買い物難民、空き地や空き家の増加、事業継承者問題、他にもその地域特有のさまざまな課題があります。自治体は言うまでもありませんが、地域企業も地域の課題解決のために存在することが求められています。自分たちだけ繁栄すればいい、もうかればいい、という考えでは結果的に持続可能な地域、会社にはなりにくくなってくる。

経済的持続・発展と社会的課題解決は表裏一体の時代になったと思います。

提示された案件が解決しようとしている社会的、地域的な課題は何か？　を頭に入れて企画をしましょう。もしそこに解決しようとする社会的課題が提示されていなければ、クリエイティブディレクターが見つけて提言してください。

僕の場合、決まっていたロゴや商品設計を見直してもらうこともあります。そうしないと世に出たときに受け入れてもらえる確率が下がるから。

「自分でいいことしてますって言うのは、少し気が引けます」

こう語る経営者の方も多くいます。この謙虚さは日本人の特性でもあると思いますが、生活者は言われるまでわかりません。ホームページの奥深い階層に書かれていても、それに気づいてくれる人たちはどれだけいるでしょうか。自分たちの取り組みを声に出して伝えることも、生活者が選びやすくなることへの気づかいです。

ソーシャルイシュー（社会的課題）の解決は国や大手企業など余力があるところだけがする話ではありませんし、余力でやることではなく本業と切り離せないものになりました。これからは地域も地域企業もソーシャルソリューション（社会的課題解決）のために存在していることを、地域クリエイターも意識しながら企画してほしいと思います。

2つのホスピタリティを大事にしよう

ここで言うホスピタリティとは、ひとつは生活者に向けてのホスピタリティです。

クライアントの要望に応えようとすると、時に生活者のことを無視して言いたいことを伝えようとしがちです。特に競合案件だと、クライアントからの点数を気にしてこのような事態が起きます。そんなときに、思いだしてほしいことがあります。

それは、生活者の大切な時間をこのプロモーションのために割いてもらうという意識です。時間は、お金持ちもそうでない人も平等に与えられているものです。時間をどう使うかはその人の自由。自分が企画する表現物は、生活者の人生の貴重な時間を費やすに値するかどうか。クリエイターはそれくらいの緊張感を持ってほしいと僕は思います。

マーケティング活動は究極には生活者の時間の争奪戦です。企業や自治体の情報発信もその中に組み込まれます。競争相手は、競合商品や他の自治体だけでなく、ＬＩＮＥやＴｗｉｔｔｅｒ、ＹｏｕＴｕｂｅなどのＳＮＳ、Ｎｅｔｆｌｉｘや音楽や本などのエンタメコンテンツなど多種多様です。それらを相手にしながら、自治体や企業が言いたいことを聞いてもらう時間をつくってもらわなければいけません。自分の貴重な時間を使ってもいいと思えるくらい楽しませる、あるいは有意義だと感じてもらえるような企画を考えることが、結果的には自治体や地域企業の成功につながるのです。

もうひとつのホスピタリティ、それはクライアントに向けてのホスピタリティです。

「あの企画が理解できなかったのならしかたないよ」

これ、競合プレゼンで負けたときにクリエイターがする言いわけベスト3に入るんじゃないでしょうか。実際は言いわけではなくグチでしかないのですが……。

企画案含めて、プレゼン内容が理解してもらえないのは、プレゼンターであるクリエイティブディレクターのクライアントへのホスピタリティ不足が原因です。

たとえば動画の場合、数枚の紙に書かれた企画案に対して、クライアントは数百万から、時には数千万の制作費を費やすことになります。依頼主が自治体であればそれは地域住民の税金です。企画書は提案者がわかるものではなく、提案される側が理解できるという視点を大事にしてください。

僕は動画の提案でも、絵コンテにする必要のないものは字コンテ（文字だけであらすじを書いたもの）で企画説明することがよくあります。絵コンテをつくるコストのこともありますが、絵コンテから仕上がりを予想するには、ある程度の経験が必要です。あまり動画制作の経験のないクライアントにとっては、文字だけのほうが理解しやすいだろうと思うからです。

企画書のフォーマットは、クリエイターのアピールポイントでもあるのである程度は決めておいていいと思いますが、提案を受ける側に合わせて書き方やレイアウトを柔軟にチューニングすることも大事です。

プレゼンテーションの場でも、クライアントへのホスピタリティを意識しましょう。自分たちが一生懸命考えた提案をわかってもらうためにも、クリエイターの発表の場ととらえるのではなく、クライアントをオーディエンスととらえ、プレゼンテーションの時間をいかに楽しんでもらうか考えるくらいの心持ちでのぞみましょう。

企画は感情を動かす設計図になっているか？低予算は挑戦状！

好きになってもらうために、クリエイティブの力を活用する

企画は、課題を解決するために導いたコンセプトをぶらさず伝わるようにするための作業です。伝えるのではなく、伝わるようにする。そのときに意識するのは、好きになってもらえるかどうかです。

「理性は感情の奴隷である」。これはイギリスの哲学者、デビッド・ヒュームの言葉ですが、マーケティング活動の大部分においても、人は感情で動く生き物だと感じます。自分の好きなアイドルが使っているものを好きになったり、社長さんの人柄にほれてその企業を応援したり。

好きになってもらうには、理性ではなく感情を動かす必要があります。そのために使うのがクリエイティブの力です。言葉やデザイン、音楽、映像などのクリエイティブは、感情に直接作用します。これらを駆使し、好きになってもらえるように感情を動かす設計図を組み

上げていく。正しいことを正しく伝えても、それを受け取った人がつまらないと思ってしまったら、プロモーションへの投資は水の泡です。

企画にはクリエイターの個性と経験、そしてこれまでにインプットされてきたものが大きく影響してくると思います。

泣く、笑う、喜ぶなど、感情を動かしていく方法を知るためには、ヒット映画やテレビドラマ、音楽、小説など多くの人たちが感情を動かされているものをウオッチすることは大事です。クリエイターの場合、ただそれを見聞きするだけでなく、一歩踏み込んで感情が動く理由を考えてみましょう。どんな場面で人はひきつけられているのか、なぜこのセリフで泣いてしまうのかなど。感情が動かされた理由を自分なりに解釈していくことは、企画脳を鍛えるよいトレーニングになります。

普段から自分自身の感情を柔軟に動かしておくことも大事です。僕は企画の上手なクリエイターは感受性の豊かな人が多いと思っています。感性の鋭さよりも感受性の豊かな人の方が企画の幅が広く、感情を動かす深度も深い気がします。僕がここで使っている感性とは、「あの人センスいいね！」の意味での感性。見せ方やアピールのうまさ。感受性は、何かの事象を見て感じ入る受信力の強さ。

感性は見るものや触れるものによって比較的鍛えやすいのですが、感受性は自分の感情の感度を意識してあげておくことが必要です。普段何気なく見たり触れたりしているものに対して、なぜそんな感情を抱くのだろう？　と考えるクセをつけるといいと思います。

戦略的に考えたコンセプトを、感情を動かす実施プランにしていく。好きになってもらうために、クリエイティブの力を活用していきましょう。

低予算だからこそ、アイデアで目立たせる

予算が潤沢にあれば、たとえば著名タレントなどを起用する案も考えられますが、地域では厳しいのが現実です。だからこそ、アイデアの精度を上げていくことが地域の仕事の場合は大切です。アイデアで目立たせる。地域で予算が限られた仕事をする中で僕自身、いつも意識していることです。たとえば動画の企画で「あのお笑いタレントを使って、あの楽曲を当てれば大きな広がりが期待できる……」みたいなことを初めから妄想しない、そこに逃げ込まないということです。

予算が限られていることを言いわけにせず、アイデアの本質的なところが面白いかどうか、感情を動かせるかどうかというシビアな目線で企画開発をしていくことが求められます。

クリエイターにとっては、アイデアだけで勝負できる地域の仕事はやりがいがあるとも言えますね。

事例からひもとく企画のヒント

事例1　登米市「登米無双」@宮城県

登米は、うまくて、たくましい！

「全国に1700超ある自治体の中でも、認知度がかなり低いんです」

宮城県登米市のシティプロモーションの課題は明快でした。

まずは名前を知ってもらう。

シティプロモーションの目的は、その地域を対外的に売り出すこと。売り出したいポイントはそれぞれに違いますが、いずれにしろ、その地域の名前が知られてないことには始まりません。

登米市の名を鮮烈に全国デビューさせるという方針を立てました。

自治体のシティプロモーション競争が激化する中で実施する、同市初のシティプロモーシ

登米市シティプロモーションロゴ

ヨン。ただ名乗りを上げるだけでは不十分で、鮮烈であることも必須条件にしました。

問題はどのようにデビューさせるのか？　強い印象を残せるからといって、目立つことを優先して地域本来の姿と乖離《かいり》が起きてしまっては本末転倒です。

シティプロモーションでときどきあるのが自虐的な売り出し方。目立つのですが、住民感情の理解が得られなくて地元の賛同を得られないプロモーションになってしまうこともあります。目立つことだけを優先にデビュープランを企画してしまうと結局、後から軌道修正のためのコミュニケーションコストがかかってきます。

登米市はどんなパーソナリティーでデビューを飾るのがふさわしいのか、地域住民のワークショップを開いて、そのヒントを探りました。

「うちでは餓死することはない」

「サバイバルには強いです」

高校生から社会人までいくつかのグループに分けて話を聞いたところ、そんな話が各世代から上がってきました。おいしいものがたくさんあります、食べ物だけは負けません、そんな地域は多くあるのですが、飢え死になんてさせません！　というのはとても面白いなと思いました。

登米市は登米耕土と呼ばれる肥沃《ひよく》な土地に覆われ、昔から穀倉地帯として知られ、農業や畜産業が盛んで食べ物が豊かな地域です。加えて、地域のつながりも強いことから、食べ物で困っている人がいたら放っておかないという地域感情が生まれたのだ、と市役所の方から聞いて合点がいきました。

登米は、うまくて、たくましい。

おいしいものがあるのはもちろん、互いに助け合う強い絆のある地域として登米市を鮮烈にデビューさせる動画を企画しました。

Ｇｏ！Ｈａｔｔｏ　登米無双

提案した企画は、自然豊かな登米市で繰り広げられる本格アクションムービーです。登米

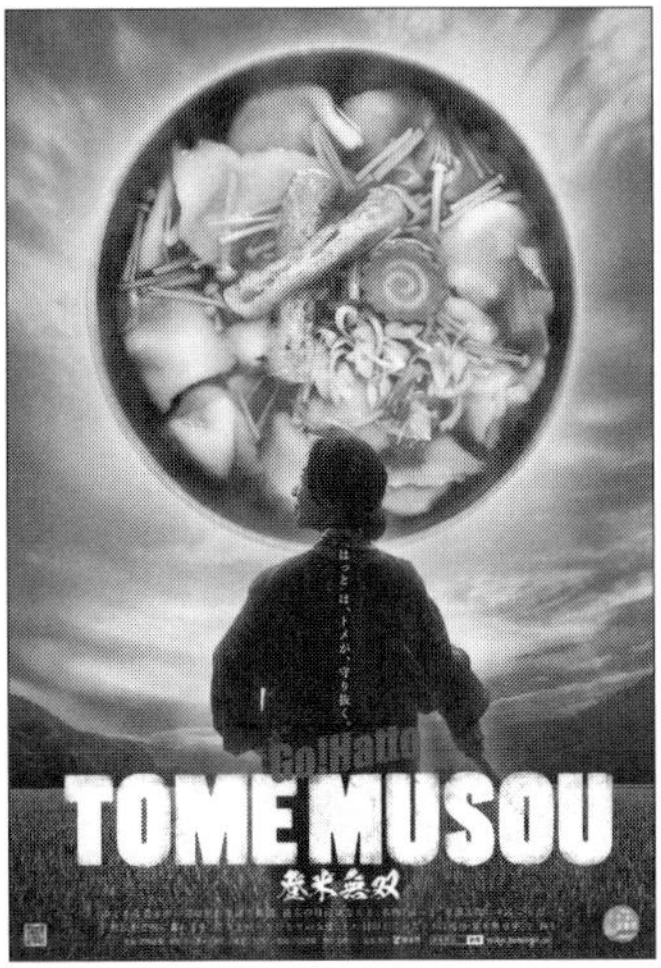

短編動画『登米無双』告知ポスター

のソウルフード「はっと」をめぐり、一人の高齢女性が屈強な謎の集団と、登米市の見どころを舞台に華麗なるバトルを繰り広げます。

ストーリーはこうです。主人公は、登米市に暮らす心優しいおばあさん。ある日突然登米市に、市民の愛するはっと汁をご法度にして独占しようとする謎の組織がやって来る。市民のため、おばあさんは「登米無双」という一子相伝の体技で彼らをなぎ倒していく――それだけ聞くと荒唐無稽なお話ですが、この企画を構成するすべての要素には理由があります。

おばあさんが本格アクションをするのは、コンセプトに沿ったいざというときのたくましさの象徴であり、当時、他のシティプロモーションでやっているところがなかったので鮮度があった。高齢の人が活躍する話はSNS上で話題になりやすいのでPR的な広がりが見込めた。動画のタイトルを〝登米無双〟としたのは、コンテンツ自体に登米の名前を練り込んでおけば、コンテンツが人気になった際に一緒に覚えてもらえて効率がいいと判断したからです。ちなみにおばあさんの名前もトメです。

「はっと」とは、小麦を練って薄く伸ばしゆでて食べる素朴な食べ物です。物語のキーアイテムに「はっと」を選んだのにも理由があります。

登米市は9町が合併して市になっています。地域住民へのインタビューで名物や名所などについて聞いていくと、それぞれの出身町の意識の違いが浮き彫りになりました。その中で「はっと」だけは、9町すべてでソウルフードとして愛されていたのです。登米市民をつなぐには「はっと」だなと思いました。

「はっと」の名前の由来は、江戸時代、米どころとして知られていた当時の登米であまりにはっと汁がおいしく評判のために、農民がお米をつくらなくなるのをお上が恐れてご法度にしたというもの。この言い伝えが動画企画の下敷きになっています。トメさんが使う一子相伝の登米無双は木棒を使うのですが、これも登米市特産の津山杉です。

荒唐無稽に見えるドラマも実はすべて登米市にある地域のスペックから成り立っています。

短編動画『登米無双』

そうすることで動画のさまざまな場面で市民との親和性が生まれ、このコンテンツは自分たちのものだという意識につながっていきます。

続編「登米無双2」を現地で撮影しているときに、学校帰りの小学生たちが寄ってきて「知ってる？　トメおばあちゃん、本当はめちゃ強いんだよ！」って僕に教えてくれたりしました。

地域での動画プロモーションは年々多くなっています。動画が効果的なのはさまざまな地域資源を数分の中に練り込んでひとつの物語にすることで、それを体系的に体験できることだと思います。地域性を練り込んだ動画は対外的にはもちろん、地域住民のシビックプライドを醸成することにもつながります。

事例2　高知県「子リョーマの休日」@高知県

7年目のキャンペーンをリフレッシュ

高知県から観光ＰＲの仕事として依頼されたのは、「リョーマの休日」の話題化でした。「リョーマの休日」とは、高知県の大自然の中でさまざまな体験プログラムを楽しむ自然・体験型観光キャンペーンです。２０１２年にスタートし、現在も継続しています。１年単位で消えていく自治体のキャンペーンも多い中で、これだけ継続しているのは素晴らしいことです。ただ、それゆえに生活者やメディアへの情報鮮度が落ちてきていることが課題だと考えました。

このキャンペーンのメインコンテンツは、自然体験や地元の人との触れ合いです。何か目新しい施設が毎年オープンしているわけでもないし、地元の人や観光資源として提供しているもの自体が大きく変わっているわけではない。一方、長年続いてきた「リョーマの休日」には固定ファンがいて、その資産は活かしたほうが効率はよい。その中で話題をつくっていくにはどうするか？

子リョーマの休日

提案したのは動画の企画で、コンセプトは「子リョーマの休日」です。

観光資源自体は変わらないけれど、「リョーマの休日」を語る視点を変えようと考えました。「リョーマの休日」には海や川、山など高知ならではのダイナミックで多種多様な自然環境を活かした遊び体験がたくさんあります。遊びを語らせるなら、遊びの天才、子どもです。子どもにお墨付きをもらえれば大人も認める。そんな思考をめぐらせて企画を組み立てました。

短編動画『子リョーマの休日』

子どもたちが語る、というコンセプトに決まった時点で、ある程度企画の骨子は見えていました。こういう企画の場合は、細かな設定がキモになります。

登場する子どもは、東京、大阪、名古屋の3人。高知県に来てほしい人たちが多く住むいわゆる都市圏です。それぞれが歴史・文化、食、自然についての観光エキスパートという設定にしました。

子ども視点でありつつ、観光にも精通している3人が時に厳しく「リョーマの休日」をチェックしながら旅するストーリー。大人が同じことを語ると何かと角が立ちますが、子どもが語ればかわいくなります。

自慢話を一方的に聞かされるのって嫌ですよ

ね？　僕はよくクライアントにもそう伝えるのですが、自治体ＰＲの場合は、とかくそうなりがちです。少し自分たちの弱みも見せながら情報発信をするくらいのほうが、共感してもらいやすくなります。

今回の動画の冒頭では、子どもたちがインスタ映えばかり気にしたり、ＳＮＳの評判でお土産を選びがちな大人を多少ディスったり、体験プログラムについても少しうがった見方をしたりします。

伝えたいことを整然と美しく組み上げた企画では、生活者に広がっていかないことがよくあります。今回の動画のプラットフォームはＹｏｕＴｕｂｅですが、ＳＮＳを活用する場合はなおさらその傾向が強くなります。視聴する人たちが突っ込める余地をうまく企画の中に忍ばせておくことも共感されるコツです。

子リョーマを演じた３人は、それぞれ東京、大阪、名古屋でオーディションをして高知に来てもらいました。全員高知を訪れるのは初めてで、そこから生まれる新鮮なリアクションも動画のいい味付けになっています。アウトプットされるときのことをイメージして、細やかな設定を積み上げておくことも企画のポイントです。

地域観光の仕事は、この事例のように、訴求対象となる資源は昔から変わらないケースが多いです。そういうときは、新しい視点を持ち込み角度を変えて光を当てることで、これまではなかった像が浮かび上がり、新需要が生まれることが多々あります。地域の資源は不変でも、生活者の嗜好は変化していくので、時代に合わせてチューニングしながら企画しましょう。

事例3 Minoru「家賃が実る家」@秋田県

名は体をあらわす

秋田にある不動産会社から、新しい住宅取得の方法を全国展開するにあたり、立ち上げのコミュニケーションを相談したいと連絡を受けました。新しい住宅取得の方法とは、賃貸でも、購入でもなく、家賃を定められた期間払って借り続ければその家が結果的に持ち家になるというもの。正式な名称は譲渡型賃貸住宅と言います。

「あやしい……」

失礼ながら、最初に話を聞いたときはちょっと身がまえてしまいました。家賃を払っていれば、それが自分の持ち家になるなんてそんな都合のいい話があるのか？　広告会社の担当営業から電話で相談を受けたときには引き受けるかどうか即答せず、まずは会って話を聞かせてもらうことにしました。すると、この譲渡型賃貸住宅という仕組みが秋田だからこそ生まれたシステムだとわかりました。

格差問題は都市部だけでなく地域でも進んでいます。秋田ではひとり親世帯の増加など、さまざまな事情で住宅ローンの不通過世帯が増えています。秋田で不動産業を営む経営者だからこそ、こうした地域の住宅取得問題に気づき、それを解決したいと考えて生まれたのが譲渡型賃貸住宅だということでした。あやしんだ自分を反省し、この仕事を引き受けようと思ったのですが、もう一つ条件を提示させていただきました。それは、商品の名称を変えること。

生活者の立場をとことん考える

「家賃でもらえる家」。

相談を受けた当初、譲渡型賃貸住宅につける名称は決まっていました。ユーザーメリットをアピールしたキャッチーな名前です。

ロゴマークは家をリボンで囲んだような図案でプレゼント感を演出。タグラインはストレートに譲渡型賃貸住宅。これまでにない住宅取得の形をわかりやすく印象づけるものです。

名称は商標登録もすみ、営業で使うパンフレットなども一部できあがっていました。でも僕はネーミング、ロゴ、タグラインを新しく企画させてほしいと社長に伝えました。

家賃でもらえる家

“家賃でもらえる家”ロゴ（依頼当初のネーミング＆ロゴ）

借りながら持ち家にする賢い選択。

家賃が実る家

“家賃が実る家”ロゴ（提案時のネーミング＆ロゴ）

確かに端的にメリットは伝わる、けれども、家はおそらく人生でいちばん高い買い物です。簡単に買い替えられる品ではありません。家をもらえるというのは確かにうれしいけれども、自分の持ち家をもらうという感覚は、家主にとって、少々、不本意に感じるのではと。自分でお金を払い続けた結果、持ち家になるわけですから。

将来にわたって住み続ける家には日々使用する消耗品とは違う気づかいが必要で、このシステムを使って家を取得する人の尊厳を損なうようなことがあってはいけないと。社長はその意図を理解してくれました。

「家賃が実る家」

これが新たに提案したネーミングです。自分が払い続けている家賃は将来、自分の持ち家として実る。規定の年数を経て家賃の文字が取れれば、それは実家になる。という想いも込めています。ロゴは家を果実に見立てた手触り感のある優しい印象のものにしました。

「借りながら持ち家にする賢い選択」

合わせて決まった商品のタグラインがこちらです。金銭的な事情から譲渡型賃貸住宅を選ぶのではなく、借りながら自分の家にするというこれまでにないスマートな住宅取得の方法ですよとしました。

商品の本質的価値は同じですが、生活者視点でどの面に光を当てていくかによって受け手側の印象は大きく変わってきます。ネーミングやロゴ、パッケージなどを企画する際には、生活者がどんな感情を抱くのか、想像をめぐらすことも大事です。

事例4　城ヶ倉観光「星浴」@青森県

星空観光を十和田の新しい名物にしたい

青森県十和田に蔦沼という沼があります。ここは紅葉の季節になると鏡面のような沼に映し出される赤く色づいた木々が絶景で、全国から写真愛好家が訪れる地としても知られます。沼の近くに蔦温泉旅館という古くから良泉で知られる温泉旅館があり、そこを起点にした星空体験ツアーを立ち上げるのでそのキャッチフレーズとパンフレットをつくってもらいたいと依頼がありました。

十和田は十和田市現代美術館や星野リゾートもあり、奥入瀬渓流や八甲田山など観光資源に恵まれた場所です。ただ、その恩恵が老舗旅館も含めて満遍なく行き渡っているかというとそうとも言えません。秋はいいけれど、それ以外は稼働が落ちる時期もあります。蔦沼もそのひとつで、その資産をまだ活用できる余地があるのでは？　ということで、観光資源を洗い出し、蔦沼を中心にした星空観光ツアーを新たに商品化しようということになったそうです。

僕も現地に入って、十和田周辺の観光地をひととおり案内してもらいました。その後、目的地の蔦温泉旅館に泊まり、夜の真っ暗な国立公園の原生林を懐中電灯のみで歩き、蔦沼のあぜにたどり着きました。それは素晴らしい星空体験でした。沼の周囲は原生林が外界からの光を一切遮断し、明かりは月と星、そして蔦沼に生息する姫蛍だけ。まさに天然のプラネタリウム。沼の周囲に設けられたウッドデッキに寝転び、空と沼に広がる星空を眺めるのは、まさにここでしか体験できない至福の時間でした。

ただ、十和田の星空体験は特別です！　と言ったところでこの素晴らしさが果たして伝わるかという疑問も、寝転びながら湧いてきました。

ネーミングは企画の魂

相談を受けた当初から懸念していたのは、北海道から沖縄まで地域での星空自慢はめずらしくないこと。星空観光と言ってしまった時点でコモディティ化して、その魅力が陳腐化するだろうなと考えていました。

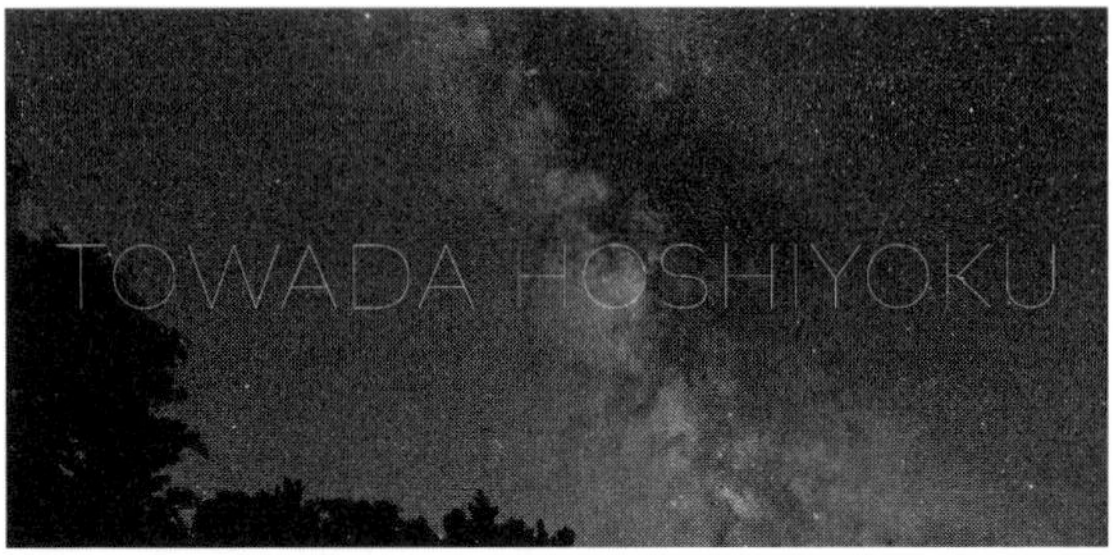

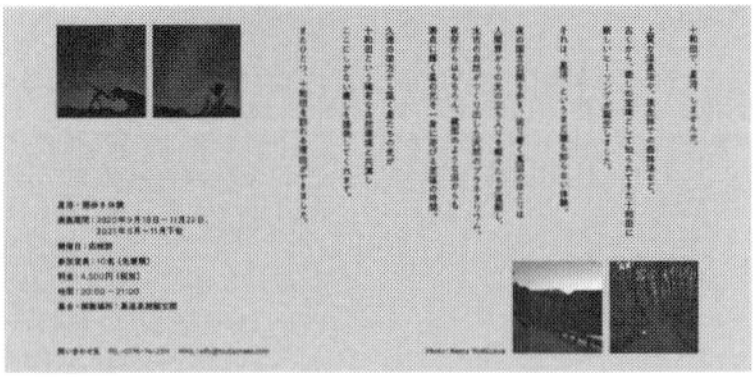

“星浴”ツアーリーフレット

十和田の星空観光に付帯するキャッチフレーズの依頼でしたが、この星空体験自体のネーミングを〃ならでは〃のものにすることが、新しい観光資源としてPRすることにつながると思いました。

　この蔦沼での体験は確かに素晴らしいけれども、十和田での星空体験にはどんなものがたりが生まれるだろうか？　少し思考のフォーカスを拡大しました。

　案内してもらって聞いた話によると、十和田・八甲田には古くから知られる湯治場が多くあり、ブナの原生林や奥入瀬渓流沿いを散歩しながらリフレッシュできるなど、温泉浴や森林浴など癒やしの場としての地力がある。それを求めて多くの人が訪れる場所だと言います。そこで十和田という地域が培ってきた癒やしの文脈の中にこの星空観光をプロットした言葉をつくりました。
「十和田で、星浴、しませんか」

温泉浴や森林浴など十和田が持っている癒やしの力と、空と沼からの浴びるような星の美しさ、その2つをかけ合わせて「星浴」という造語にしました。星空観光単体の〝もの〟で考えるのではなく、癒やしの体験価値を加えた〝こと〟として発信。単なる星空観光ではなく、十和田・八甲田観光への新しいものがたりとして全体に寄与していく効果が見込めると考えました。

検索ワードでも単に星空体験、としてしまうと関連ワードで他の地域も引っかかってきます。独自の新しい言葉で勝負を挑んでいくのは浸透するまでの時間はある程度必要ですが、まだ誰も競争相手のいないブルーオーシャンを生み出す戦略でもあります。

繰り返しになりますが、地域の場合はプロモーション予算も限られています。だからこそ、ネーミングやロゴはとても重要になります。そこにしっかりと地域の特性や想いが込められているか、宿っているかでその後の可能性は大きく変わってきます。

ネーミングは企画の魂。地域クリエイターにこそ意識してほしいポイントです。

地域クリエイティブのKPI設定＆検証はどうする？

自分たちなりの指標を持つ

地域の課題をクリエイティブで解決するというと大義名分が立ちそうですが、当然のことながら効果検証を忘れてはいけません。クライアントの投資に対するリターンを大きくするのが僕らの大切な使命です。

効果検証の指標としてまず思い浮かぶのは売り上げにつながったかどうかですが、あまりにも大雑把すぎですし、売り上げが伸びたか、旅行客が増えたかなどはプロモーションだけでは測りきれないのも正直なところ。最終的な結果を導くために途中段階で達成すべきポイントを決め、そのポイントごとの指標をつくることが大事です。

　動画であれば、再生回数に加え、エンゲージメント率が向上したかどうか。観光サイトのリニューアルであれば、サイト訪問者数が増えたかに加え、ＳＮＳでのシェア数など。最後は売り上げや来訪者数なのですが、そこにつながる戦術を定めてプロモーションを当てていく。その部分を具体的かつわかりやすく見える化して、積み重ねていくことで最終的な売り上げや来訪客数につなげていく。

　クリエイティブは効果測定しにくい。

　そのように言われることもありますが、そんなことはありません。プロモーションプラン、使うメディアに合わせて、定量的な数字で測れるＫＰＩ（key performance indicator）を設定しましょう。ただし、前述したように、単純な再生回数などではなく、エンゲージメント率などターゲットとのつながり深度を意識した設定が大事です。その結果を検証し、次の策に活かしていく。

　地域の場合、大きなプロモーション費をかけられないことが多いので、ＫＰＩ設定や検証作業も二の次になりがちですが、デジタルプロモーションの場合は、いくつかの数字は公開情報として調べることができます。その数字を使い、自分たちなりの指標を持つことが大切です。

第4章

地域ならではのアイデアの見つけ方、戦い方～定着篇

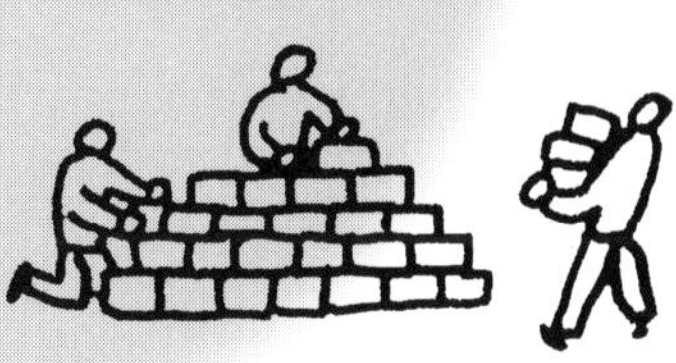

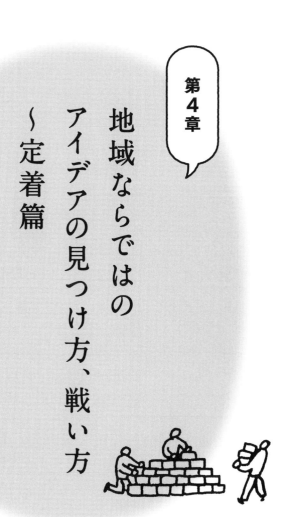

アイデアを「定着」させるために大切なこと

心を動かすクリエイティブには技術と熱量が必要

「定着」って、なかなか聞きなれない言葉ですよね。一般的には「○○の場所に定着する」「○○の説が定着する」などと使われますが、クリエイティブワークで言うところの「定着」とは、

・着想フェーズで考えた課題解決につながるコンセプトと、
・企画フェーズで考えた感情を動かす施策案を、
・最後にターゲットである生活者に届くカタチに仕上げていく作業のことです。

つまり、アイデアを表現に落とし込んでいく作業全般のことを指します。

仕上がり具合がイマイチだと、

「企画はよかったけど、定着が今ひとつだったなぁ」

なんて言ったりします。

定着フェーズでは、企画案によってさまざまな専門スタッフと連携していくことになります。

動画であれば、映像制作工程を取りまとめるプロデューサーや監督、カメラマン、出演者。パッケージであればアートディレクター、イラストレーター、印刷会社。デジタル施策であればWEBプランナーやデザイナー。

PRを手がけていく場合は、PRディレクターなど。

「着想」と「企画」は、比較的少人数、もしくはひとりでやっていた作業、「定着」になると、表現物に合わせた専門のクリエイティブ職人たちが仲間に加わってきます。

家を建てるときの建築家をイメージしてみてください。

建築家が施主の意向を聞いて描いた設計図を、大工や庭師、建具やキッチンなど設置機器の取扱業者などと目に見えるカタチにしていく作業。

家を建てる現場にはさまざまな職人が施工スケジュールに沿って出入りし、互いに連携しながら作業を進めています。

建築家はイメージどおりの家になっているかをチェックし、竣工予定日に向かって作業工程がうまく進んでいるかに目を配りながら、適宜、職人に指示を出していきます。

「定着」でのクリエイティブディレクターの役目はまさに建築家と同じです。

企画をカタチにしていくために、クオリティをコントロールする。提案した施策案でよりターゲットの感情を動かせるよう、そして少しでも投資効率を上げられるよう、作業工程ごとに適切にディレクション（方向づけ）していくのです。

そのときに必要になってくるのが、「技術」と「熱量」。

ここで言う「技術」には、2つあります。

クリエイターとしてのベーススキルと、〝合いの手〟スキルです。

ベーススキルはコピーライティングやデザイン、プランニングなどさまざまありますが、自分の出自である職種のスキルを磨いていることが大事です。何かひとつ自分に自信のあるスキルがあると、多様なクリエイティブ職人と渡り合うときに自信になります。

専門性を持つクリエイティブ職人たちは、それぞれが自分のスキルを日々磨き上げているその道のスペシャリストです。これは自分の経験から感じることですが、これだけは負けない！　というベーススキルを持っていると、スキルのジャンルは違えど互いにリスペクトし刺激し合えて、結果的により高みを目指せるようになります。

ベーススキルに自信のない状態で、肩書だけクリエイティブディレクターと名乗っても、カメラマンとしてしのぎを削ってきたような専門のクリエイティブ職人には、すぐに見破られてしまいます。制作現場はプロとプロのぶつかり合いの場。相手もプロなので手を抜くことはないのですが、クオリティを向上させるためには、わずかでも現場で隙が生まれないようにしたいと僕は思います。

もうひとつが〝合いの手〟スキル。

定着の際のスタッフとの間合いを読んでディレクションを上手に入れていく技術をこう名づけました。

たとえば、すべてにおいてこと細かに指示を出すとスタッフのやる気をそぐことにつながったり、それぞれのプロのスキルを引き出せなかったりします。逆に放置してしまうと、みんなが自由に走りすぎて、コンセプトがぼやけてしまったり。やる気を引き出しながら、いかに同じ目標に向かっていけるようにするか。

野球やサッカーチームの監督みたいなイメージです。相手の性格や適性も見極めながら、どのタイミングでディレクションすべきかを測ります。

ここはじっと我慢するほうが、このスタッフの潜在能力が活かせそうだ。

この人には今、ビシッと言わないと緊張感が不足するな。

ここで思い切って違う表現アイデアを投げ込んだほうが、場が活性化するんじゃないか？

といった具合に、スタッフの個性や全体の進行状況を把握しながら、ここぞというタイミングでディレクションを繰り出す技術。

この〝合いの手〟スキルを養うのはやはり現場経験ですので、たくさん場数を踏みましょう。

そして、「技術」に加えて大事なのが「熱量」。

クリエイティブディレクターはスタッフの中でアウトプットへの熱量をもっとも高く持っていてほしいと思います。そうでないと多くのスタッフを引っ張っていけません。いいものをつくるために、みんなで高みを目指そうと、スタッフを鼓舞し続ける旗振り役です。熱量の発露の仕方は人それぞれなので、誰もが松岡修造さんのように熱くなれと言うわけでありません（笑）。自分らしいスタイルでいいので、その熱量があることをきちんとスタッフに感じてもらうようにすることが大事です。やる気は秘めていても無駄です。スタッフに伝わらなければ制作現場は盛り上がりません。

クリエイティブなものづくりへの情熱を持ち続ける。

熱血論みたいですが、実際、クリエイティブディレクターの熱量はスタッフ全体に伝播し、仕上がりを大きく左右します。人の感情をより強く揺さぶるために、クリエイティブディレクターの熱量は必須だと僕は思います。

地元をいろんな形で巻き込む

クリエイティブディレクターは地域のクリエイターのハブの役割も担います。仕事を共有したり、互いのスキル向上への刺激になったり。地域のクリエイティブを活性化していく存在になってください。

もう一つ大事なのが、地域住民や地域企業など地域そのものを巻き込んでいくことです。自治体のシティプロモーションでは外向きだけでなく、地域のシビックプライドを醸成することも大切な役割になります。そのときに、地域クリエイターはもちろん、地域に暮らす人や企業も一緒にプロモーションをつくり上げる仲間として参加してもらいましょう。出演してもらったり、商品を提供してもらったり、撮影場所を貸してもらったり……。制作現場に参加してくれた人たちは、少なからずそのプロジェクトに愛着を持ってくれるようになります。

「奥さん、この動画、私も出てるのよ。見てみて！」

なんて会話が地元の日常会話の中で生まれたり、SNSで広がっていくことにつながります。地元を巻き込むことで、そのプロジェクトに対する地域のエヴァンジェリスト（伝道師）が増えていくのです。

地元を頼り、地元を味方につけていく。

そうすることで地域のクリエイティブスキルが底上げされ、住民の地元への愛着も高まり、次のプロジェクトも進みやすくなる。今度は自分たちも参加してみたいと思う人たちが増えて、クリエイティブプロジェクトを推進する地域自身の自走力もついてきます。

地域こそクリエイティブジャンプ!

地域はアイデアで目立つことが大切だと第3章の企画パートでも書きましたが、定着でも地域こそより高いクリエイティブジャンプを意識しましょう。

クリエイティブジャンプとは、第1章でも説明しましたが、アイデアが形になるときに仕上がり予想を超えていくことです。

フィギュアスケートで言う出来栄え点ですね。

クリエイティブジャンプが高ければ高いほど想像以上の創造物になり、ターゲットを超えて世の中の注目を広く集めて話題となっていきます。

どんなにアイデアが素晴らしくても、それを形にしていく制作段階でほどほどの仕上げになってしまうと生活者は触手を伸ばしてくれません。フィギュアスケートの試合で同じトリプルアクセルを見せられても、選手によって高さやスピード、美しさなどで見栄えの印象は大きく違い、同じように心を動かされないのと同じです。

予算の範囲、与えられた時間内で企画アイデアをどれだけ出来栄えよくジャンプさせられるかは、定着のフェーズで常に意識してほしいことです。仕上がりがよくなればメディア予算をかけなくても、コンテンツパワーでSNSやPRを介し広がっていく確率が上がります。

地域のクリエイティブこそコストパフォーマンスを上げるために、より高いクリエイティブジャンプを意識しましょう。

定着を左右するスタッフ選びと関わり方

クリエイティブチームのつくり方

定着のフェーズで地域のクリエイティブディレクターに留意してほしいのは、地元のクリエイティブ資源を活かしていくことです。そのためには地域にどんなクリエイターがいるのか、日頃からアンテナを張っておくことが大切です。

僕は普段は東京にいるので地域のクリエイティブスタッフをアサインする場合、地元で顔が広そうな人をまず見つけて話を聞き、そこから目星をつけてコンタクトを取り、作品集などのポートフォリオを見て判断しています。

初めましてのケースも多いのですが、こんな逸材がいたなんて！　ということもよくあります。クリエイティブ資源の発掘もクリエイティブディレクターの仕事です。

カメラマンや映像のディレクター、デザイナー、イラストレーターはもちろん、移住してきたアーティストや工芸や民芸作家など広告畑に限らずさまざまなクリエイターがいます。

自分仕様の地域のクリエイターデータベースを充実させておくことで、企画が決まったときにさまざまな選択肢や組み合わせが広がり、その化学反応がクリエイティブジャンプにもつながります。

クリエイティブディレクターは新しい個性の投入に積極的にトライしましょう。いつも同じ顔ぶれだと上がりの予想も見えて安心なのですが、予想以上のクリエイティブジャンプは起きにくいかもしれません。

僕はスタッフにその人の作風ではない世界観をあえて依頼することもあります。そうするとその人自身も知らなかった新しい扉が開き、それがクリエイティブジャンプにつながったりします。いつものメンバーでも少し違う角度からディレクションをすることで、新しい発見が生まれることもあります。

クリエイティブディレクターはすべてに深度を持って関わるべし

「クリエイティブディレクターって結構、手離れ悪いんだなぁ」

「着想」「企画」「定着」とクリエイティブワークフローを説明してきて、こう感じているクリエイターも多いのではないでしょうか。まさにそのとおり！

頭を回転させ続けながら、気もつかいつつ、最後の最後まで手も動かす。プレイヤーであり、ディレクターであり、コンサルタントであり、プロデューサーでもある存在。

定着フェーズでは撮影やデザイン、編集や印刷などさまざまな制作工程が次々に進行していきます。すべての工程において、その作業のスペシャリストに任せ切りにせず、クリエイティブディレクターは深度を持って関わってください。すべてにしっかり目を配り取りまとめていかないと、マーケティング投資に対してのゴールがブレます。逆に言えば、クリエイティブディレクターの存在がないと、プロモーションやブランディングというマーケティング活動は要を失い、バラバラになりやすいとも言えます。

このとき、指針になるのが、着想フェーズで定めたコンセプトです。

進んでいる方向が間違っていないかどうか？　より出来栄えをよくするには思い切って舵を切るべきか、ステイするべきか？　など、迷ったときはコンセプトに立ち戻って考えましょう。緊張感を持ってジャッジすることの連続ですが、その積み重ねは成果としてアウトプットに必ずあらわれてきます。

すべての工程でクリエイティブディレクターが真摯に細やかにディレクションをなしていく。生活者の感情を動かすことはそう簡単なものではないと肝に銘じながら、僕も日々ディレクションしています。

事例からひもとく定着のヒント

事例1　松山市「マツワカ」@愛媛県

若者の郷土への愛着を醸成する

愛媛県松山市の2020年度のシティプロモーションの目的は、市内に住む若い世代に松山への愛着を深めてもらうことでした。シビックプライドの醸成は、いろいろな自治体で課題として挙げられていますが、若年層にフォーカスをしている地域はまだ少ないのではないでしょうか。

実は僕にとって松山市は自治体のシティプロモーションを初めて手がけた地でもあります。2013年のことです。当時は地方創生という言葉もあまり一般的でなく、都市イメージ向上事業というお題でした。そのときは対外的な松山市のイメージを向上させることを目的にしていました。

短編動画『マッツとヤンマとモブリさん』
告知ポスター

松山市は日本最古の温泉と言われる道後温泉や松山城で知られ、夏目漱石の小説『坊っちゃん』の舞台でもあり、正岡子規の生誕の地、司馬遼太郎原作のドラマ『坂の上の雲』でも人気の地です。伝統もあり、歴史文化コンテンツが豊富な場所。ただ、既存のイメージに引っ張られて、上の年代と比較すると若年層にまだまだ魅力を伝えきれていないという課題があると感じました。

そこで製作した動画コンテンツが、オリジナルアニメーション「マッツとヤンマとモブリさん」でした。

少年2人と女子高生が活躍する松山市を舞台にした冒険活劇。松山城が宙を飛んだり、坊っちゃん列車が商店街を駆け抜けたりします。実

短編動画『マッツとヤンマとモブリさん』

写で表現すると既存の松山のイメージから逸脱するのは難しいと判断。アニメーションであれば歴史や伝統文化という松山に古くからある観光資源を新しい見せ方で描き、若い世代に新鮮に印象づけられると考えました。

当時はシティプロモーション動画はまだ少なく、本格的な短編アニメーションとしても話題になり、観光映像大賞特別賞を受賞しました。

２０２０年度のターゲットは市外ではなく市内の若者ですが、根源課題は同じだと考えました。松山市のイメージが固定化されていて、住んでいる若者がその枠内から解き放たれる機会をつくれていないのではと……。

コンセプトは、〝松山のワカモノ事化〟。

松山の若者が自分たち自身で松山のよさに気

づいていく仕組みをつくろうと考えました。

マツワカ！　ポスターコンペ

提案した企画は、松山のよさを対外的に伝えるポスターを松山の若者自身につくってもらうというものです。松山市は古くから観光地や四国のビジネス拠点として知られている。それはある意味、大人たちが築いてきたものに対してのレピュテーションで成り立っているとも言えます。自分たちが思う松山のよさを自由な発想で発見し、若者自身で発信する機会をつくりたいと考えました。

ポスターのお題は、「松山家族」。松山に暮らす家族の家族写真で松山暮らしのよさを表現することです。大切なのは彼らがこのプロジェクトに自発的に巻き込まれたくなるかどうか。

事前準備として、ポスターを制作するためのワークショップを数回開催しました。講師は僕と写真家の浅田政志さん。浅田さんは家族写真で知られる日本有数の写真家であり、このプロジェクトと同タイミングで自身がモデルの映画『浅田家！』が全国公開になることが決まっていました。映画のモデルになるような人に直接写真指導をしてもらえるのは、松山の若者にとっても参加のモチベーションになると考えました。他にも公式Ｉｎｓｔａｇｒａｍなどを用意し彼らの作品が発表される場を設けたり、できあがったポスターは全作品、新宿

“マツワカ！ポスターコンペ#松山家”地下鉄新宿駅構内掲出の様子

の地下鉄構内にドーンと掲出しました。

ワークショップでは、僕と浅田さんの他に松山を中心に活動するクリエイティブディレクターやアートディレクター、コピーライターに指導員としてついてもらいました。行き詰まったりしたときに気軽に相談できる松山の大人たち。普段、知り会うことのないクリエイティブ職の彼らと触れ合うことで、松山にもこんな仕事の選択肢があるんだと知ってほしかったのです。

僕自身もそうでしたが、地域にいると公務員や教師、銀行員などが目指す職業として提示されることが多いと思います。クリエイターをなりわいとしている人たちが松山にもいて、その人たちが自分たちの暮らしにも深く関わっているんだと知ることはシビックプライドの醸成だ

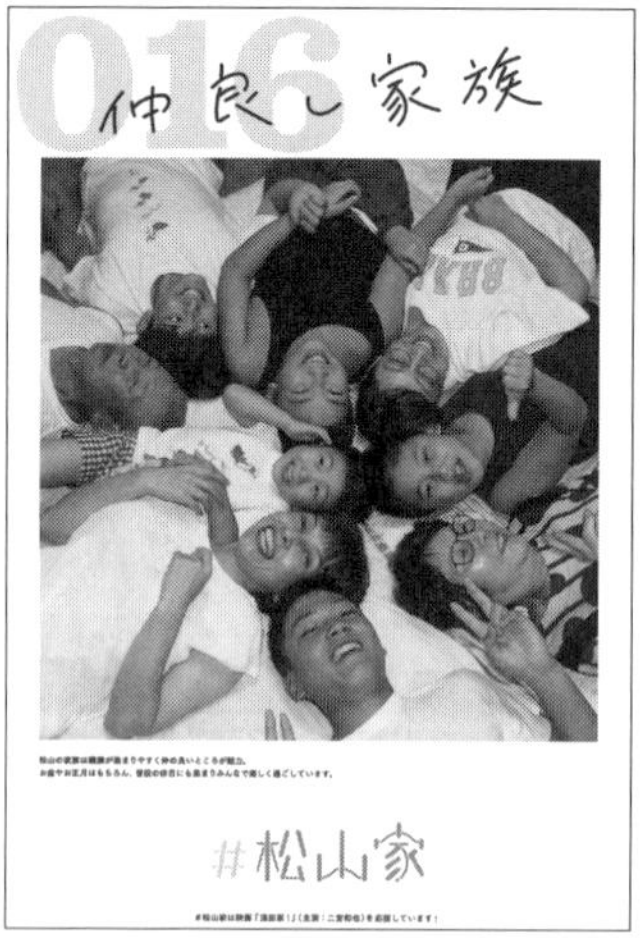

“マツワカ！ポスターコンペ＃松山家”作品

けでなく、若者の将来の選択肢を広げることにもなると思いました。

ワークショップではどんなテーマで松山暮らしのよさを伝えるか、それをどんな写真で表現するかをチームごとに何度もやり取りしていきました。それこそコンセプトから考えてもらったのですが、なかなか難儀で、自分でつくったほうが早いと思うこともしばしば。

ですが、最終的に仕上がった写真は地元に住む若者ならではの視点がふんだんにあふれていて、どれも秀作でした。

松山の場合、僕が「定着」でしたことはディレクションと最終的な仕上げの整えです。彼らのつくるものが目的を達成するように、そして最後のアウトプットで世の生活者が注目しやすいようにスタイリングしただけ。「定着」でのクリエイティブディレクターの関わり方は、ひとつとして同じ方程式はありません。

事例2　秋田県「もしもあなたと結婚しなかったら?」@秋田県

秋田県内の若者同士が結婚したくなる動画?

日本人男性の生涯未婚率は24・2パーセント、女性は14・9パーセント。これは2015

年の国勢調査のデータで今はもっと上がっているといると予想されますが、この傾向は秋田でも進んでいて、未婚率も離婚率も高くなっていました。

この流れに歯止めをかけていくことを目的とした動画制作の依頼がありました。ただ、動画を見るだけで結婚したいと思わせるのは、かなり厳しいだろうと正直にお伝えしました。数分の動画で若者がその気になるなら、日本はとっくに少子化問題なんて解決してますよね？　そもそも結婚は個人のデリケートな問題。僕自身、母親から早く結婚してよ！　と言われれば言われるほど、嫌になった時期がありました。

行政発の結婚啓蒙動画となると、なおさら、秋田の若者への気持ちの配慮が大事だと考えました。

結婚はダイバーシティだという視点を大事にしましょうということも何度も話しました。結婚するかしないかは、究極は個人の自由です。それを前提にしてプロモーションを組み立てないと若者の気持ちを動かすことは厳しいと思います、と。

そして、結婚っていいかもしれない、と思わせることを目指しましょうと、ゴール設定をしました。

コンセプトは、〝秋田の人と秋田で暮らす幸せへの気づき〟。このコンセプトのどこに真実と発見があるんだ！　と言われそうですが、まさにそのとおり。この案件は発信者側の恣意《しい》的な態度をいかに取り除きながら、心を動かすアウトプットに仕立てられるかが勝負だと考えていました。

そして生まれた企画が、秋田夫婦ノンフィクション。表現手法も手を加えないドキュメントを選択し、「定着」へと進みました。

ノンフィクションこそ用意周到な準備が必要

動画のタイトルは「もしも、あなたと結婚しなかったら？」。秋田で暮らす４組の夫婦の片方にインタビューを重ねていく企画です。片方というのは夫もしくは妻のみ。ドキュメンタリーですが、インタビューされないほうは僕らとグル。いわゆるドッキリ企画です。

ドッキリをしかけられる側には、架空の「あつまれ！秋田酒」というＹｏｕＴｕｂｅ配信番組への出演依頼書を用意。収録当日は、おいしい秋田の郷土料理とお酒を用意するのでインタビュアーとサシ飲みしながら、ざっくばらんに秋田暮らしのこと、家族のことを本音で語ってくださいと伝えました。

共犯者であるその夫（あるいは妻）には撮影クルーに変装してもらい、その場でインタビューされている夫または妻の話をじっと聞いてもらいました。お酒も入っているし、万が一、妻や夫を怒らすような本音が飛び出して、その場で夫婦ゲンカが始まった場合は誰が止めるのか？　そこまでシミュレーションをして撮影にのぞみました。

いい具合に秋田のお酒も回って来たところで、相手に対して不満に思うことはありますか？　などと意地悪な質問をぶつけていきます。唐揚げが真っ黒だの、階段にモップをガンガン打ちつけるだの、ゲームばっかりしてるだの、火種になりそうな発言もポロポロ出て、内心ひやひやしながらもトドメの質問を繰り出します。

「正直、奥さん（旦那さん）と結婚しないほうがよかったと思うことありますか？」

「いいえ、結婚してよかったです」

4人全員がこう答えてくれました。テレビを見ながら同じタイミングで笑ったり泣いたりする、自分の好きなことを伸ばしてくれた、ただいまの声におかえりが返ってくるだけで幸せ。それぞれがそれぞれに思う結婚のよさを話してくれました。

結婚のいい部分を本音であぶり出すには、まず負の部分を吐き出してもらい、追い詰めたときにこそポロリと出るだろうなと考えて、質問の構成や伏線を細かに組み立てました。撮影に向けてはドッキリがバレないように、夫婦を呼ぶタイミングや片方と打ち合わせする時間もきめ細かく設定し、周到に段取りしています。インタビュアーとも、話の流れについて何度も綿密に打ち合わせました。

短編動画『もしも、あなたと結婚しなかったら？』

「出逢えてよかった、そう思える結婚を秋田で。」

動画の締めのコピーですが、これをフィクションの夫婦劇を見せられて言われるのと、リアル秋田夫婦の声の後、しかもどちらかというと夫婦生活のマイナス部分をさらした後で言われるのとでは、受け取る側の感じ方が違ってきます。

「定着」でクリエイティブディレクターがすることの9割は段取りです。目的遂行のために1ミリでもよくなる可能性があれば、抜け目なく周到に準備することが大切です。

事例3　「瀬戸内醸造所」@広島県

注目の瀬戸内エリアで立ち上げるワインブランド

広島県の三原市、竹原市を拠点に新しく立ち上がるワイナリーのブランドづくりの依頼がありました。まずはワインのコンセプト、ネーミング、エチケット（ワインのボトルのラベル）を考えることになりました。

「ＳＥＴＯＵＣＨＩを旅するワイン」

「ＳＥＴＯＵＣＨＩを旅するワイナリー」

依頼された時点で事業計画に記されていた、「瀬戸内を旅するワイン」という事業コンセプトから、瀬戸内をローマ字表記にしたブランドコンセプトを提案しました。

瀬戸内のぶどうを使ったワインを醸造するだけではなく、瀬戸内の風景や風土を醸造し、世界に発信していく。ローマ字表記には、そんな事業の根幹を表現する意図や、観光地として国内外で人気の瀬戸内旅と結びつけたストーリーとして表現する狙いがあります。旅と結びつけてワインを打ち出していくのは、生活者に魅力的に映ると思いました。

農作物が育つ環境や風土などをあらわすテロワールというフランス語がありますが、瀬戸内醸造所のワインはSETOUCHIテロワールを味わうためにつくられるものとしてポジショニングしました。

「deja vu VOYAGE to SETOUCHI」

デジャブとは、これまでに一度も経験したことがないのにかつて経験したことがあるように感じること。エチケットやネーミングでワインの世界観を表現するためのトーン&マナーをこの言葉で定義づけました。

一度訪れたことのあるような、でも初めて出会うSETOUCHI。表現しているのは確かに瀬戸内だけど、日本ではなく世界のどこかにあるかのような錯覚に陥るSETOUCHIをエチケットやネーミングから醸し出そうと、瀬戸内醸造所と一緒に頭を悩ませました。

瀬戸内は日本でも名の知れた地域であり、瀬戸内国際芸術祭などで近年は海外の観光客からも知られる場所になりました。瀬戸内のイメージは国内外にたくさん蓄積されています。その中で立ち上げる瀬戸内の名を冠したブランドであることを冷静に認識しておく必要があります。

「ＳＥＴＯＵＣＨＩを旅するワイン」は共感を得やすい芯の太いコンセプトですが、そこだけ見ていては、既存の瀬戸内ブランドに埋没する恐れもあります。このワインの名前やワインボトルに触れたとき、他とは違う魅力を呼び起こす「ＳＥＴＯＵＣＨＩ」を感じさせるには？　と考えました。

エチケットでものがたる

瀬戸内醸造所のワインにはいくつかのシリーズがあります。ＳＥＴＯＵＨＩでは三原、竹原というぶどう産地名をそのまま堂々と商品名に記しています。ＳＥＴＯＵＣＨＩ　Ｕｍｉ　Ｓｅｒｉｅｓの商品名は、日本ワインの原産地表示のルール上、実在の島や地名を表記するのが難しかったため、Ｋｉｎｐａ（金波）、Ｓｅｔｏｕｓｈｉｏ（瀬戸潮）、Ｍｏｍｏｅｎａｍｉ（百重波）という波の名前にしました。このシリーズ名は瀬戸内醸造所から波や海、自然現象を名前にしたいという構想を受けて名づけたものです。

Harvested in Takasaka Mihara Hiroshima
SETOUCHIJOZOJO Co. Ltd.
2019
三原
ニューベリーA
ブドウの産地は広島県三原市高坂町。地元で「佛通寺ブドウ」として知られる、生食用品種を栽培している土地です。ここで収穫したニューベリーAを、瓶内二次発酵で仕上げました。ベリー種の華やかな香りとドライな飲み口をお楽しみください。

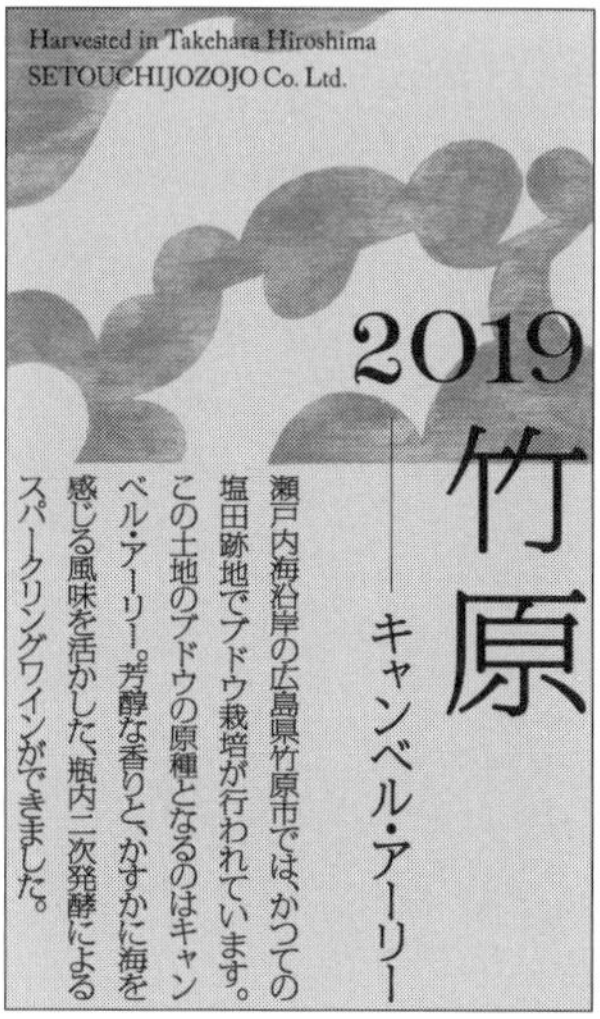
Harvested in Takehara Hiroshima
SETOUCHIJOZOJO Co. Ltd.
2019
竹原
キャンベル・アーリー
瀬戸内海沿岸の広島県竹原市では、かつての塩田跡地でブドウ栽培が行われています。この土地のブドウの原種となるのはキャンベル・アーリー。芳醇な香りと、かすかに海を感じる風味を活かした、瓶内二次発酵によるスパークリングワインができました。

SETOUCHIJOZOJO Co. Ltd.
2019
Setoushio
カベルネ・ソーヴィニヨン
さらりとした潮風が吹く瀬戸内海。吹き抜ける海辺の風の心地よさに、酸やタンニンが柔らかく、するりとした飲み心地をなぞらえて瀬戸の潮…「Setoushio」と名付けました。赤ワインならではの豊かな果実味と、軽やかな味わいのワインです。

SETOUCHIJOZOJO Co. Ltd.
2019
Momoenami
カベルネ・ソーヴィニヨン
穏やかな海にさざめく波。そして幾重にも重なる波は「百重波」。瀬戸内海の情景に、このワインの爽やかな酸味と、果実味が重なる味わいを捉えて名付けました。波間に陽の光が反射して、きらめく様子を思い浮かべてお楽しみください。

ワインエチケット

キービジュアル＆ロゴ

瀬戸内は本州、四国、九州に挟まれた内海を中心にした多島海で、世界的に見ても特有の自然環境を形成していて独特の海の表情を見せてくれます。醸造されたワインの味わいの印象を、瀬戸内海で見られる波の名前で表現しています。

「Ｋｉｎｐａってどういう意味なんですか？」

　金波は月光などが映りきらきらと光る波のこと。日本人でも耳慣れない波の名前をつけることで、そこから会話が生まれ、味わいだけでなくストーリーを伝える糸口になることも想定しています。ネーミングやパッケージはそれ自身で完結するのではなく、時には会話のきっかけをつくることも必要です。

　コンセプトが決まり、キービジュアル、エチケット、ギフトボックスなど全体のデザイン設

ギフトボックス＆ワインボトル

計を6Dが企画、デザインしてくれました。

ワインの販売元である瀬戸内醸造所のキービジュアルは瀬戸内地域をモチーフにした地図のような柄のような図案です。「deja vu VOYAGE to SETOUHI」を感じてもらえるといいなと思っています。

エチケットにはそれぞれのワインの味にちなんだストーリーを記してあります。この文章については瀬戸内醸造所が書いています。ワインの味わい、その味をつくるぶどう、そのぶどうが育つ土地について深い知識があるのは瀬戸内醸造所。エチケットの顔となるストーリーテリングはワインのプロに任せるのがいちばんだと考えました。ワインを味わいながらSETOUCHIテロワールを一緒に楽しんでもらうことを意図しています。

ギフト用のボックスには瀬戸内醸造所のブランドコンセプトをそのまま入れ、贈られた人が興味を持って読んでくれれば、瀬戸内醸造所の想いに触れられるようになっています。ワインなど地域のお酒はその土地とは切り離せないもの。おいしさはもちろん、味わいを形成するその地域のものがたりを生活者にどう表現していくかが重要なポイントになります。

事例4　駒屋「物語のある砂糖」@愛知県

嫌われ者の砂糖を何とかしたい

「砂糖というだけで門前払いされることもあるんです」

駒屋という名古屋にある砂糖を扱う会社の社長さんが悩みを話してくれました。糖質制限という言葉がすっかり市民権を得て、近ごろは糖質自体が悪者のような世の中の空気、確かにありますよね。

駒屋は270年以上続く砂糖を扱う会社で、近年はコーヒーや紅茶などに添える砂糖を動物やハート型などさまざまなデザインに加工したり、著名なキャラクターとコラボした商品を開発販売していました。

ただ、ダイエット志向や健康ブームが続く中、営業的にも厳しい状況が続き、その風向きを変えるための策がないかと相談がありました。

昨今の砂糖への逆風を変える啓蒙活動を砂糖業界全体で取り組むならまだしも、地域の一企業が単独でプロモートしていくことはかなり難しいと予想されるし、時間とコストもかかることになると思いますとお伝えしました。

「物語がある砂糖」商品デザイン

社長はそれだけ普段の営業活動でくやしい思いをしてきたのだと感じましたが、今回は駒屋の営業活動につながるプロモーションにするほうが、お金の使い方としては有効だと感じました。

コンセプトは、物語のある砂糖。

工場を見学に訪れ、さらさらの砂糖がデザインされた小さな形になっていく工程を見学し、砂糖を美しく成形する技術は間違いなく駒屋ならではの価値だと感じました。

ただ、できあがったかわいいフォルムの砂糖だけを提示されると、いろんな形の砂糖をつくることができる技術の高い会社と見られる気がしました。

表層的なデザインとしてだけではなく、駒屋の砂糖のカタチには、それぞれの物語が込められていることを伝えよう。

砂糖嫌いの態度変容を起こさせるのは業界総出の大仕事になりそうだけど、今、砂糖を買ってくれている人たちを、駒屋ファンに変えていくことは可能だと考えました。

物語も表現手法もシンクロさせていく

提案したのは、コーヒーに添えられた象の形をした砂糖がスプーンから飛び出し、テーブルの上を冒険する動画企画です。

砂糖の子象はスプーンの外の世界を楽しむのですが、どこに行っても独りぼっちであることに気づき、自分の居場所はティースプーンしかないと戻ってくる。するとスプーンの柄の方から砂糖でできた女の子の子象が寄ってきて仲良くなり、スプーンの上でハート型の砂糖になるというお話。

このハート型の砂糖は駒屋の代表的な商品です。

物語のプロットを書くときに留意したのは、いやらしくない哀愁をどうつくるか。「僕（砂糖）、かわいそうでしょ！」では共感は呼べない。「砂糖の置かれている状況を知ってよ！」というのも違う。

制作サイドの都合でそこを押しつけないように気をつけつつ、見終わったとき、思わず駒屋のハート型砂糖をチョイスしたくなるような読後感を目指しました。

主人公を象にしたのは、大きなものがティースプーンに収まるようなサイズになることのキュートさと象という動物にどことなく漂う哀愁感がいいキャスティングになると考えたからです。

砂糖から生まれた子象は独りぼっち。劇中に登場するマカロンはきれいにお皿に盛られていて、同じ砂糖からできているにもかかわらず砂糖の子象は追っかけられて、また独りになってしまう。

短編動画『物語のある砂糖』

そうした一連のストーリーテリングは砂糖嫌いムーブメントに対する僕なりのささやかなアンチテーゼです（笑）。

コーヒーや紅茶に添える砂糖にもこだわりたい女性を想定したお話なのですが、ただかわいらしい映像にするだけではなく、砂糖が置かれている状況や駒屋が込めてきた想いがちゃんと根底に流れているものにしたい。だからこそ表現手法にも企業のフィロソフィーがしっかりと練り込まれていることが重要だと考えました。

駒屋の砂糖は、手作業で細やかに調整しながら一つひとつつくられています。長年継がれてきた職人技がたくさん詰まっている駒屋のものづくり哲学を映像にも反映させたいと考え、この動画はコマ撮りという撮影手法を決めてから企画しました。

コマ撮りはいわゆるパラパラ漫画の原理で、１カットずつ撮影したものをつなげて動画にする、アナログで手作り感のある映像表現です。今回で言えば、動きを再現するために制作した砂糖の子象のポーズは１５７体、それぞれにバックアップがあるので総体数はもっと多くあります。

日本でも有数のコマ撮りチームに依頼したのですが、全編砂糖による制作は彼らにとっても初の試み。

砂糖にどれくらい水を入れれば、砂糖の粒子も美しく残しながら固められるのかを駒屋の社員の方に指南してもらいながら試行錯誤してつくりました。

砂糖でつくった子象の鼻が崩れやすかったりと、定着は細やかで骨の折れる作業の連続だったのですが、駒屋の砂糖づくりとシンクロすることで伝えられることがあると信じ、スタッフ一丸となってつくった動画です。

物語のある砂糖は、その後商品シリーズ名にもなり、新作が続々と登場。砂糖が紡ぐ新しいストーリーが生まれています。

クリエイティブなこぼれ話　その3

クライアントのみなさん、いいオリエンをお願いします！

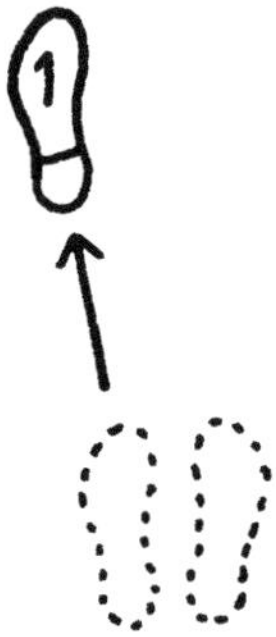

クリエイターにゆだねる部分をつくってほしい

クリエイティブで課題を解決するためのワークフローで、この本で書いていないものがあります。

それが、クライアントからクリエイターへのオリエンです。

そもそもオリエンがなければ、課題解決も始まらないし、表現物も生まれません。そういう意味では、オリエンが最重要なファーストステップです。

オリエンでクライアントに意識してもらいたいのは、オーダーする要件とクリエイターにゆだねる部分の線引きです。もちろん、一緒にプロモーションをつくっていく中で、よりよくするためにクライアントからのアイデアやアドバイスを取り入れるのは通常の作業工程です。

ただ、オリエン時にその線引きが曖昧になっていると、クリエイターもどこまで本領を発揮していいのか様子を見ながらアクセルを踏むことになります。それでは、せっかく依頼しているのにその能力を活かしきれない可能性が出てきます。

クライアントはものづくりや行政のプロ、クリエイターはクリエイティブでクライアントの課題を解決するプロです。プロ同士がお互いリスペクトし合うことが、結果的にいいプロモーションやブランディングにつながる近道だと思います。

自分たちなりの課題となりたい姿を伝えてほしい

いいオリエンは、より具体的な課題が示されているものだと思います。クリエイティブディレクターは着想のフェーズで〝ならではの根源課題〟を探す思考作業をしますが、クライアントからの課題が具体的であればあるほど、

〝ならではの根源課題〟の抽出精度が上がります。

売り上げが落ち込んでいることが課題。

こういうオリエンもありますが、〝ならではの根源課題〟はその先に潜んでいます。売り上げが落ち込んでいる原因で自分たちなりに考えられること、減少傾向が見えた時点で変化のあったことなど、課題にひもづきそうなことも同時に伝えてもらえると有効なヒントになります。僕が依頼を受ける際、なるべく経営者と話をさせてもらうようにしているのもそのためです。

スタートアップ企業の場合なら、課題ではなく、未来に向けて具体的にどんなイメージを持っているかを教えてほしい。たとえば、地域からスタートし、3年後には台湾など東アジアで、5年後には東南アジアへの進出を考えているなどの情報があると、立ち上がりのブランディングもそこを見すえた組み立てができます。

クリエイターへのオリエンでは、思い当たる課題や困っていること、それに関連付きそうなトピック、描いている将来像などをより具体的に伝えてください。

クリエイターの探し方

「どうやってクリエイターを見つければいいでしょう？」

地域での企業経営者や自治体の方向けのセミナーでこんな質問をされることがあります。クライアントのみなさんはぜひ、地域にどんなクリエイターがいるのか積極的にアンテナを張ってください。

最近では地域での活動や移住定住情報を取り上げる雑誌もいくつかあり、その中で地域で活動するクリエイターを紹介しているのをよく見かけます。『ブレーン』などのいわゆるクリエイティブ誌には、東京だけでなく地域のクリエイティブショーケースを取り上げる特集や毎月のコーナーもあります。

地元で気になるパッケージやポスターなどを見かけたら、経営者つながりや自治体の担当者を通じて、どのクリエイターにお願いしたのか聞くのもいいと思います。

「いい税理士さん紹介してよ」

経営者同士でよく上がるトピックだと思いますがそれと同じように、

「いいクリエイティブディレクター紹介してよ」

そんな会話が日常的になるといいと

思います。

目ぼしいクリエイターを見つけたらホームページやFacebookなどの公開情報から過去にどんな仕事を手がけてきたのかを見て、依頼したい内容との相性が合いそうかどうかを判断しましょう。

ブランディングに長けている欧米企業、国内でもユニクロや楽天などでは経営者の横に参謀役としてクリエイティブディレクターを置くことが増えてきています。いいクリエイターとの出会いは、クライアントにとってかけがえのない財産になるのは間違いありません。

第5章

地域ならではのアイデアの見つけ方、戦い方 ～SNSで拡散篇

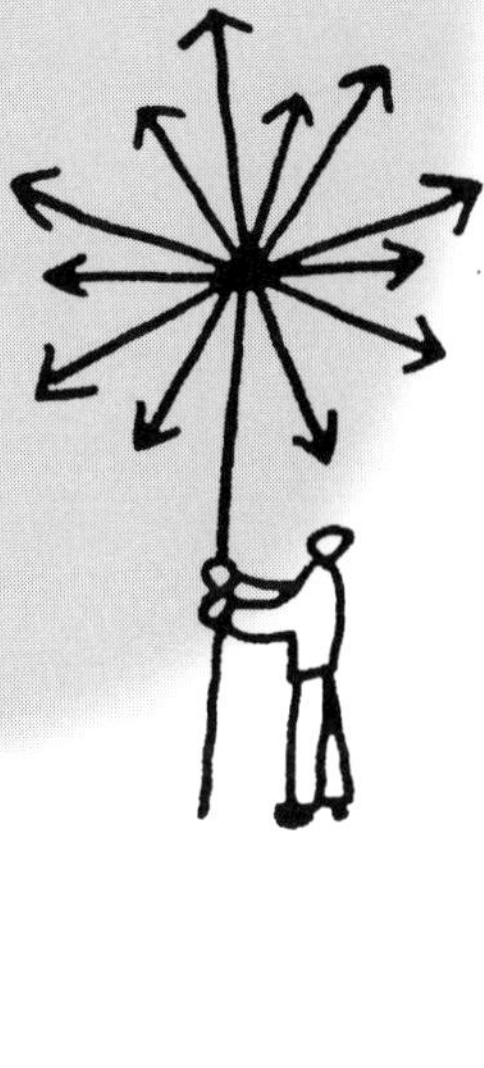

SNSは武器になる！

SNS運用は人づきあいと同じ

着想、企画、定着とクリエイティブディレクターのワークフローをひととおり伝えてきたのですが、ここでSNS時代の地域ブランドやプロモーションの広げ方のポイントを紹介していこうと思います。SNS活用は地域だけの話ではないのですが、特に地域ではコスパのいいプロモーションを求められます。その観点からもSNSを上手に活用していきましょう。

SNSを活用するポイントは、人づきあいと同じだと考えてください。マスメディアと呼ばれる（呼ばれていた）テレビ、新聞、雑誌、ラジオは基本的に、発信者から情報を受信する人への一方向のコミュニケーションです。

一方、SNSはリアルタイムかつ双方向です。どちらも同時に発信者であり受信者である。ある意味、一対一の対等なつきあいが繰り広げられる。となるとSNSをプロモーションに活用する場合は法人格対個人格というよりも、フラットな個人格同士の関係性に近くなる。

Ｆａｃｅｂｏｏｋ、ＹｏｕＴｕｂｅ、Ｔｗｉｔｔｅｒ、ＩｎｓｔａｇｒａｍなどのＳＮＳサービスは、基本的に一般の人同士をつなげて楽しむためにつくられたものです。個々人で楽しい時間をすごしている最中に、企業や自治体がお邪魔させてもらうのであれば、その場の雰囲気を壊さず、より楽しい場にすることが仲間入りさせてもらう近道になります。

自分の話ばかりをする、自慢ネタのオンパレード、言っていることと行動してる内容が違う、他人の悪口ばかりを言うなど、一般的な人づきあいの中で嫌われそうなことっていくつかありますよね。プロモーションでのＳＮＳ活用の注意点は、まさにそれらです。迷ったら、人づきあいに置き換えたときどう思われるかを考えれば、たいていの答えは出ます。

ですが、簡単なようでいて、これがなかなか難しい。プロモーション予算をかけてＳＮＳを活用するとなると欲が出てきて、もっと言いたい、もっと表示させたい、もっと割り込みたい、もっと追いかけたいとなってしまいがちだからです。でも、そんなことを言う担当者たちも、仕事を終え、自宅で一息ついてプライベートでＳＮＳを楽しんでいるところに無粋な邪魔が入ったら、嫌だと思うんですよね。

ＳＮＳはより私的な時間を費やすためのメディアだということを認識しましょう。

ちょっとくらいのスキがあったり、自分のことだけでなくライバルもたたえたり、間違いは素直に認めたり、ＳＮＳを上手に活用できている企業や自治体は、個人格のように人間味のある対応をしているところが多いと思います。

こんなことしたら相手は嫌がらないだろうか？　常にそんな視点を忘れずに、人間関係を築いていくように生活者とつきあうことが大事です。

SNSはライブなメディア

SNSというカテゴリー自体、日々更新されていきます。TikTokが登場し、世界中の10代のハートを射止めるまであっという間でした。今この瞬間も世界のどこかで、TikTokから次なるスターが誕生しているでしょう。この原稿を書いているときは、音声版TwitterのSpacesやClubhouseが話題になっています。

次々に登場する新しいSNSサービスの大まかな潮流はつかんでおくようにしましょう。タイミングがかみ合えば、目指したいターゲット、のせるコンテンツとの相性で大きな話題を呼ぶことも可能です。

既存のSNSも常に動いています。1分間で、YouTubeには500時間の動画、Instagramには34万を超える投稿がアップされます。膨大なコンテンツが刻々と地球上で生成され、シェアされていく。子犬の珍妙なしぐさが話題になったかと思えば、下手うまダンスを世界中の人たちがまねをしたりする。次に何が流行るかなんて、優れたAIでも予測できないのがSNSの世界。

大事なのは今、何が話題になっているか、どんなコンテンツに人はひきつけられているのかを知っておくことです。深く知る必要はありません。なんとなくそれぞれのSNSでどんなものが人気なのかくらいをウオッチしていれば、それに合わせるのか、逆をいくのかなど話題をつくるための指針を立てやすくなります。また長期にわたってSNS上で展開するのか、それとも短期集中で成果を上げたいのかによってもコンテンツのつくり方、発信の仕方も変わってきます。

SNSはライブなメディアであることを認識して定期的な情報収集を怠らないようにしましょう。

健全な物議を醸そう！　いい意味で世間をザワつかせよう！

SNSではなるべく波風を立てないないようにしたい。

自治体や地域企業でもよく聞く言葉です。しかし、そもそも何かの課題を解決しようとして情報発信をするわけですから、何らかこれまでとは違う考え方を提示することになります。SNSでのプロモーションは一対一のコミュニケーションなので、いろんな意見が出やすいものです。生活者にも課題解決の場に参加してもらい、停滞していた問題を活性化させていくことは、SNSプロモーションの大きな役割のひとつだと僕は思います。SNSでの健全な物議は結果的に味方やファンを増やすことにもつながります。

SNSを使ったプロモーションで投資効率がマイナスになるのは、公序良俗に反するような悪評で炎上することと、ノーリアクション。

僕は炎上がすべて悪いとは思いません。「人としてそれはダメでしょ！」的なものはNGですが、炎上の中身をしっかりと分析することが大事だと思います。炎上に参加している人は1事例あたりネットユーザーの0・0015パーセントと言われます。寄せられた投稿の中身などを冷静に分析し、どう対処するかを適切に見極めていくことが大事です。

ノーリアクションであることは、クリエイティブを使ったプロモーションとしてはお金の無駄だと思います。誰からも何の文句も出ないよう、過剰なほどネガティブチェックをしてできあがったコンテンツ。それをSNSに置いても、それこそ誰からもスルーされてしまう。そんなコンテンツを広告費をかけて繰り返し生活者のスマホに表示すれば、「しつこい！」とマイナス感情を生む危険すらあります。

SNSプロモーションでは、時にはいい意味で世間をザワつかせる覚悟も必要です。単純に認知度向上を目的にするのであれば別ですが、課題解決のためのプロモーションとしてSNSを使う場合、どこから見ても何の意見も出ないようなネガティブチェックを過剰に施したものは効果を生みにくい。

大切なのは、健全な物議。根本にやましい気持ちがなければ大丈夫です。もし誤解されるようなことがあれば、ていねいに説明すればいいのです。

ひとつ気をつけてほしいことは、一度出た言葉は戻らないということ。

投稿を訂正できないサービスもありますし、訂正できたとしてもその瞬間、記録され、どこかしらにアーカイブされていく可能性もあります。ＳＮＳは上手に活用すれば、地域の強力な味方になることは間違いのないのですから、必要以上に恐れずにどう活かしていくかを考えましょう。

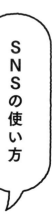

SNSの使い方

生活者にゆだねる余地を残す

すべての人から「いいね！」をもらうのは不可能です。

SNSを使う場合はある程度、大きな心で構えることも大事。自分たちだけですべてをコントロールするのではなく、生活者と一緒にブランドやプロモーションをつくっていく気構えを持ちましょう。

生活者はSNS上で恣意《しい》的な態度や誘導しようとするこちら側の意図を簡単に見抜きます し、企業や自治体のそのような態度をとても嫌う傾向があります。「自分たちをうまく出し抜いて、態度変容を起こさせよう、物を買わせようとしている！」このように受け取られると耳を貸すことさえしてくれなくなります。

課題を解決するためにこの施策を提示するのだ、という純粋な想いに曇りがないことが前提ですが、自分たちの意見を押しつけるのではなく、生活者に判断をゆだねる余地も残すことで、仲間になってもらう感覚が大事です。SNSでは一緒に楽しみながらプロモーションを育てていきましょう。

SNS+PR+メディア出稿を適切に

SNSを使ったプロモーションの場合、うまくいけば、フォロワーの多いユーザーが取り上げてくれて、ユーザーからユーザーへとシェアされ、さまざまなWEBメディアで記事化され、Yahoo!のトップニュースに掲示され、テレビ番組や新聞にも取り上げられ広く知れわたることになる。

ただし、これは本当にうまくいったひと握りの事例です。

前述してきたSNSプロモーションのポイントに気をつけ、クリエイティビティあふれるコンテンツをつくれば、話題化に成功できるかと言うと、そんな簡単な話ではありません。たとえばYouTubeを使った動画プロモーション。YouTubeが立ち上がったばかりの頃は、面白い動画を投稿すれば自然に広がり、話題になる確率も高かった。

しかし今は1分間に500時間の動画がアップされます。音楽、映像、スポーツなどさまざまなジャンルのプロたちが投稿するものもあれば、才能ある一般の人たちや企業なども趣向を凝らしてコンテンツをアップしています。面白い動画をつくっても見つけてもらうのは至難の業です。

自治体発の動画で数百回視聴のものなども多く見かけます。クオリティは高いのに、つくってSNSにアップしたところで終わっていて、それを拡散していくための手だてができていない。

SNSプロモーションでは、コンテンツに適切なPR施策とメディア出稿を組み合わせることで、より確実にターゲットに届け、話題化への道筋をつくることができます。

PR施策としては、まずプレスリリースを準備し、WEBメディアを中心に流します。その上でコンテンツとの相性を考え、取り上げられやすいメディアに対しては個別にプロモートをかけ、記事化される確率を上げていきます。

このあたりの作業は、PR会社と組んで実施していきます。

メディア出稿としては、たとえばYouTubeだと5秒以内であればスキップできるTrueviewという広告表示メニューなどがあります。動画の投稿時にはメディア出稿も組み合わせ、初動の再生回数を上げることも必要です。そうすることで、ユーザーの関連動画として表示される確率が増えるなど、人の目に触れる機会が増えるからです。

各SNSの運用ルールはブラックボックスな部分も多いのですが、デジタルマーケティングに詳しいスタッフに話を聞きながら、その時点で取れる最善策を考慮してプランニングするようにしましょう。

ＰＲ戦略や広告運用を組み合わせることで、プロモーションの投資効率を高めることが可能になるのがＳＮＳプロモーションです。

ＳＮＳが生活者のメインの情報インフラになったことで、コストをかけずに地域から日本中、世界中へと情報発信をしていくことができるようになりました。

ただし、流行りや運用ルールが刻々と変化していくのがデジタルマーケティングの世界です。

使いこなす術を学んでいくことも怠らないようにしましょう。

事例からひもとくSNS活用のヒント

事例1　鳥取市「日本一住みたい田舎からの伝言」@鳥取県

日本一住みたい田舎No.1に選ばれたことを伝えたい

２０１７年版「住みたい田舎」ベストランキング（『田舎暮らしの本』調べ）で鳥取市が総合部門１位になりました。このネタを活かして、移住定住を目的としたシティプロモーションを実施したいという相談がありました。

ギョーザ消費量、晴れの日の日数、社長輩出数、美肌の人が多いなど、日本一ネタって実は結構ありますよね。日本一住みたい田舎は、確かに素晴らしいことなのですが、そのネタだけに頼ると称号のお披露目告知以上にはならない。目的は移住定住につながるきっかけづくりです。どんな人たちにこの情報を提示すれば、話題になり、鳥取市への移住定住の機運醸成になるかを考えました。

日本一住みたい田舎という情報をどこに置けばいちばん輝きを放つのか？　そんな視点を持ちながら次のようなコンセプトを立てました。

日本一住みたい街の人へ
日本一住みたい田舎からの伝言

当時、関東での住みたい街ランキング1位は吉祥寺でした。吉祥寺はＪＲと京王線が乗り入れていて通勤通学に便利。駅周辺には大型店だけでなく名物商店街やオシャレな雑貨屋、カフェも充実。花見の名所でもある井の頭公園もあり、自然環境も豊かな人気居住エリアです。そんな、みんなが住みたいと憧れる吉祥寺駅周辺の人たちに、あえて鳥取市をＰＲするという施策を考えました。

ポスター18枚のみのプロモーション

実施したのは、18枚のポスターを制作し、京王線の吉祥寺駅構内のみに掲出するというプロモーションです。

“日本一住みたい田舎からの伝言”ポスター
吉祥寺駅掲出の様子

住みたい街ランキング常連の吉祥寺の皆さまへ
満員電車ってどんな感じですか？
こちらでは人と人の間が広すぎて、
蝶々やら風やら鳥の鳴き声が
ガンガン入り込んで来ます。
日本一住みたい田舎、鳥取市より

このように、吉祥寺暮らしとの対比の中で鳥取市の田舎暮らしを語っていくシリーズです。

住みたい街は、住みやすい街ですか？　と問いかける意図も見え隠れするようなコピー。

ＰＲ的な波及効果も狙いこのような戦略を取ったのですが、掲出した直後にＳＮＳでプチ炎

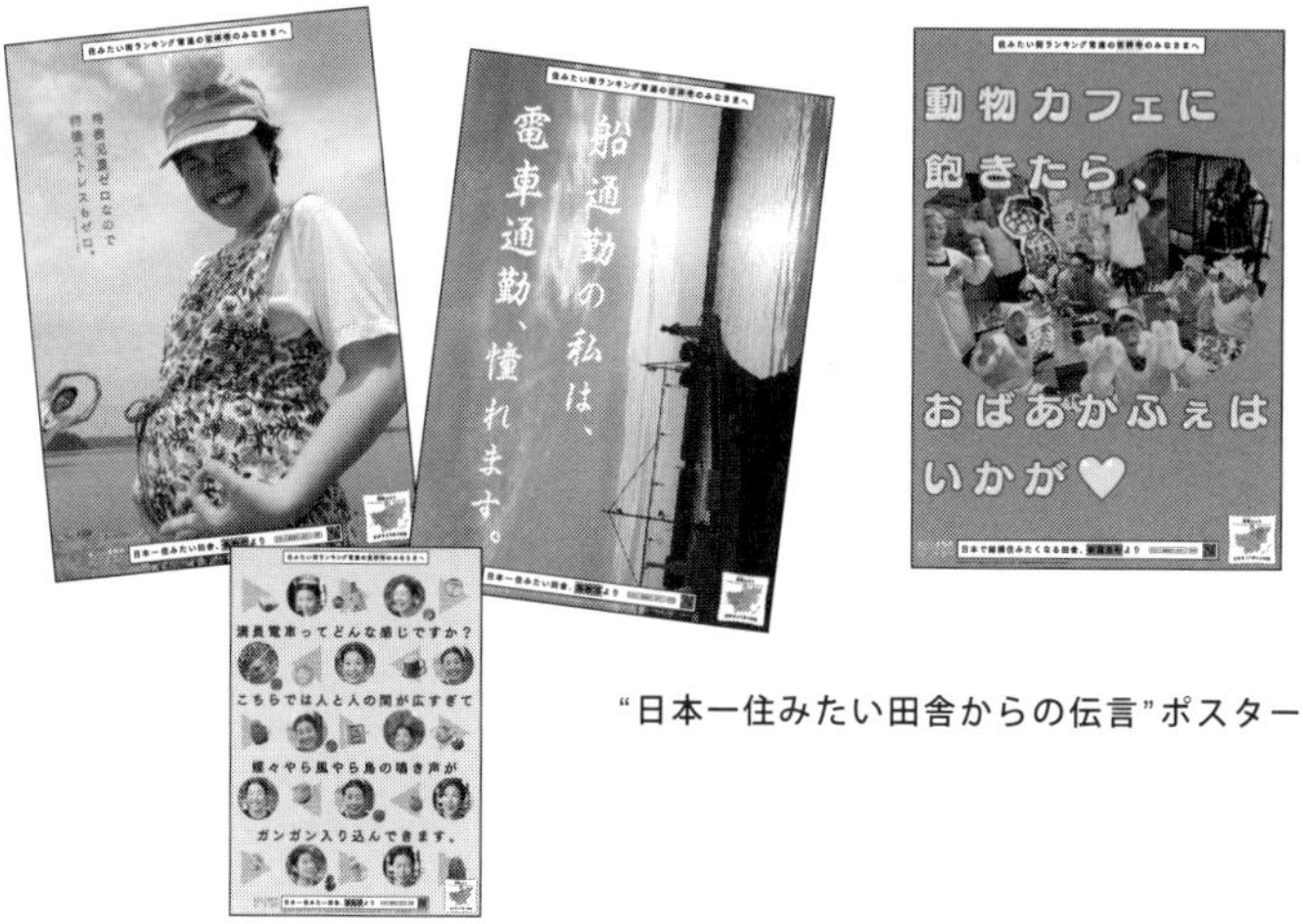

“日本一住みたい田舎からの伝言”ポスター

上が起きました。

「満員電車が本当につらいのにひどい！」

「鳥取市が吉祥寺にケンカを売っている」

など。ただ、そのような投稿に対して他の方から、

「満員電車に揺られることに疑問を持たなくなってました」

「いやいや、ケンカは売ってないでしょ」

とフォローするコメントも寄せられました。

鳥取市も僕も吉祥寺にケンカを売るなんて意図してないことだったので、メディアから取材を受けた際にはていねいに説明していきました。

結果的にはネガティブな意見は少数で好意的なものがほとんど。ＰＲをしかけた多くのＷＥＢメディアで記事化してもらうことができました。全国放送のいくつかの情報番組でも取り上げられ、18枚のポスタープロモーションは、300媒体以上に掲載されていきました。ポスターに記載していたお試し移住プラン「すごい！鳥取市ワーホリ！」は毎回数倍の応募数に達する結果に……。

都会暮らしを揶揄するのではなく、多様な暮らし方を考えるきっかけの提示が大前提であったこと、事前に鳥取市の担当者とも話をしてネガティブな反応にもあわてずにその都度対応できたこと。SNS上である程度の物議が出ることを予測しつつ、対策が考えられていれば大きな効果を生み出すことが可能です。この取り組みだけの成果ではありませんが、2017年度の鳥取市への移住は30パーセント増を記録しました。

事例2　岡山トヨペット「Bubble pack town」@岡山県

岡山トヨペットからの依頼は、岡山の交通安全マナー向上のための啓発動画の制作でした。地域住民の交通安全意識を高めることは、地域のカーディーラーとして大切な役割だという考えに僕も共感しました。

テーマは〝岡山県民が日本一ウインカー出さない問題〟。JAFの調査によると右折や左折、車線変更の際にウインカーによる合図を出さない車が多いという回答がもっとも多かったのが岡山県だったのです。県内では以前から問題になっていたらしく、ウインカーを出すのを促すために「合図」の文字を路面に描いた右折レーンがあったりと、いくつかの対策をしていることがわかりました。

行政を中心にこの問題に取り組んではいるものの、改善されない状況が続いている。地域カーディーラーが啓発動画をつくるのであれば、これまでと同じようなやり方ではなく、民間ならではの啓発視点を見いだすことからだと考え始めました。

「ウインカーを出さないと危険です！」

車を運転する人であればみんなわかっていることです。啓発プロモーションではよく起ることですが、人は正面切って注意しても聞いてくれません。正論を振りかざすと、なぜか聞く耳を貸してくれないのです。

そんな視点を持ちながら、コンセプトは、岡山はウインカーを出さなくても安全な街、としました。「合図を出しましょう」ではなく、「合図を出したくないんだったらそれはそれでいいいんじゃないんでしょうか？」と岡山県民にゆだねてみることにしたのです。

街ごとプチプチでくるんでしまう

提案した動画の企画は、ある男が訪れた先が、家も人もペットも車も何もかもがプチプチに包まれている街だった、というものです。「プチプチで包まれているから、ウインカーを出さずに人がはねられてもみんな笑って大丈夫！」そんなクレイジーな世界をつくりました。

車と人がぶつかってもお互いさまと笑い合える、ある種ファンタジーな世界が繰り広げられた後、
日本一ウインカーを出さない岡山県ではこんな安全対策が必要かもしれない。

岡山県では50分に一度交通事故が起きている。

というコピーで幕を閉じる動画です。

「日本一ウインカーを出さない岡山県民専用プチプチエアロパッケージ登場!?」という見出しで架空の専用プチプチ服を岡山トヨペットが売り出すというポスターも掲出しました。

このキャンペーンは春の全国交通安全運動と同時に立ち上げました。

「岡山県民として恥ずかしい」

「これが岡山の現実だと気づこう」

短編動画『Bubble pack town』

"Bubble pack town"
キャンペーンポスター

などＳＮＳ上のコメントも岡山の人からの書き込みが多く見られ、Ｔｗｉｔｔｅｒなどでこの問題についての生活者同士の意見交換がたくさん起きました。

一方、テレビや新聞などからの取材が相次ぎ、岡山トヨペットの取り組みが全国に紹介されていきました。岡山県内の自動車教習所では教材としてこの動画が使われました。

啓発プロモーションの場合、これまで膠着《こうちゃく》していた問題を動かしていくのに、ＳＮＳを活用すると効果的です。「こうしましょう！」と一方的に伝えるのではなく、「この問題についてどう思いますか？」と生活者にゆだねることで、意識の変化が伝播していくきっかけをつくる。

地域のカーディラーだからこそ、これまでとは違う文脈で実施できた交通安全啓発です。

その結果、テレビや新聞などの全国メディアにこの取り組みが何度も取り上げられました。啓発活動をプロモーションとして実施する場合は、企業価値向上につなげていくことも意識してください。

事例3　ＪＡ宮崎経済連「宮崎牛赤富士」@宮崎県

和牛日本一を伝える

５年に１度開かれる、和牛のオリンピックと言われる大会「全国和牛能力共進会」（以下共進会）があります。この大会で宮崎牛が三連覇を果たした場合を想定した、お披露目告知のプロモーションの相談がありました。宮崎牛は過去２大会連続で最高位である内閣総理大臣賞を受賞していて、今回三連覇を果たしたら、即、プロモートできるように告知物を事前に準備をしていく段取りでした。

目的はシンプルです。

日本一であることを伝える。この本の中でもいくつか登場している、いわゆる日本一プロモーションです。年間売り上げ№１や、顧客満足度１位など、一般のマーケティング手法でもよく見られます。でも宮崎牛の他にも日本一を名乗る和牛ってあったような？　と調べてみたところ、結構ありました。というのも共進会ではさまざまな部門で審査が行われるので、部門ごとに日本一が決まるのです。なのでいろんな県産和牛が日本一を名乗れる構造があります。

ただでさえ日本一マーケティングがあふれているのに、和牛カテゴリーでもいろんな日本一が存在する。だからこそその中でも最高位の内閣総理大臣賞受賞は価値のあることなのですが、生活者視点で見たら日本一と三連覇の違いをどこまで正しく認識してくれるのか。宮崎牛が日本一であることを告知するだけでは、プロモーションとして心もとないと考えました。

宮崎牛が日本一であることを告知するのではなく、宮崎牛が日本一であることに感動を覚えてもらうことをコンセプトにした企画を提案しました。

メイキングをセットにしたプロモーション

それが、宮崎牛を使ったフードアートで赤富士をつくる企画です。そこに思い至った思考回路は単純で、富士山は日本一で思い浮かぶ最強のシンボルだから。ここと宮崎牛を結びつけられれば、他の日本一が出てきてもそうそう負けないだろうなと。赤富士は元来縁起のいいモチーフとされているので、三連覇を祝うのにもぴったりだと思いました。共進会の結果

“宮崎牛赤富士”新聞30段広告

は、肉牛部門で内閣総理大臣賞を獲得。三大会連続内閣総理大臣賞受賞、三連覇を果たしました。

高さ60センチメートル、直径２００センチメートル、山肌の起伏も忠実に再現した富士山を製作し、そこに薄くスライスした宮崎牛を敷き詰めていきました。裾野付近は赤身で火口付近は雪まじりを表現するために霜降りという風にフードアートとしての完成度も高めています。ちなみに樹海はブロッコリー、きゅうり、ゴーヤで表現しています。

動画の企画はトリックフードアート。見事な赤富士だと思って見ていたら、実はそれが宮崎牛でできたもので、最後は女性が横から登場し、短編動画『宮崎牛赤富士』

お箸で1枚はがしてしゃぶしゃぶにして食べるというもの。見た目のインパクトを高めるためにアート性を重視したつくりにしています。

ところで、この企画を説明されて懸念を抱きませんか？

「食べ物を粗末にしていいの？」

当初からそのような反応がSNSを中心に起こるだろうなと思っていたので、このプロモーションはメイキング動画とセットです。

都内で唯一の冷蔵状態を保てるスタジオを使用。衛生管理を徹底したスタッフが食べ物として大切に扱いながら宮崎牛をていねいに並べていく様子。撮影終了時にはスタッフ全員が集まり、大きな鍋に湯を沸かし、みんなで宮崎牛赤富士の肉をはがしながらしゃぶしゃぶにして完

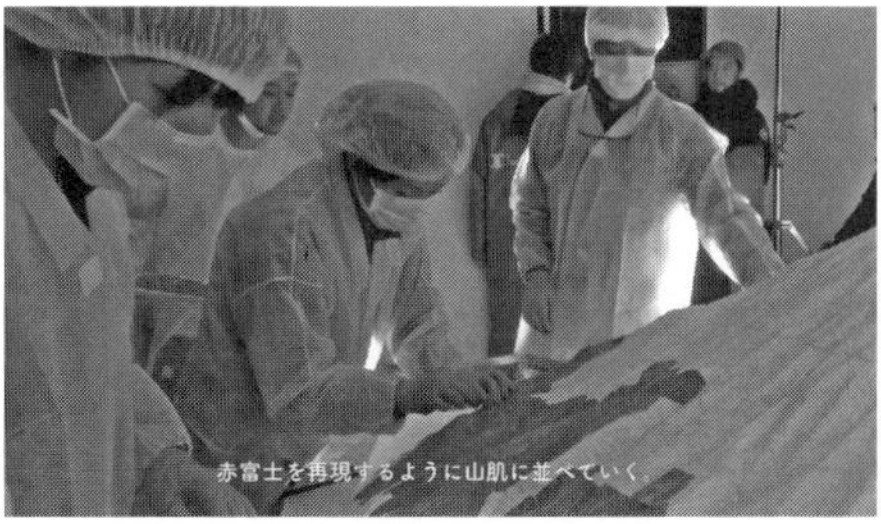
赤富士を再現するように山肌に並べていく。

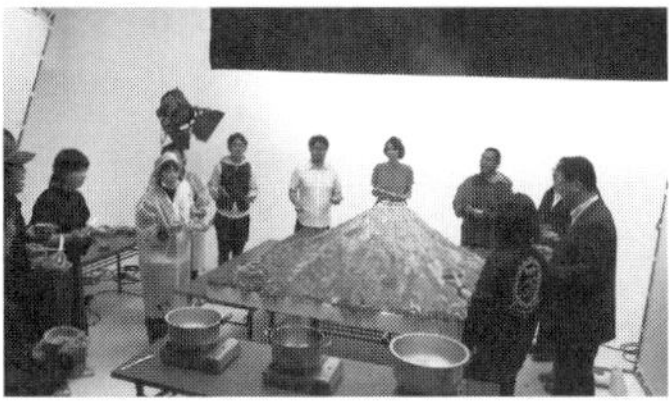

樹海はブロッコリーときゅうり、ゴーヤーで再現。

短編動画
『宮崎牛赤富士』メイキング

食するまでを収録。普段の撮影現場では自分の担当が終わると帰る人も多いのですが、この日ばかりはみんな最後までしっかり残っていました（笑）。本当に幸せそうに宮崎牛を食べるスタッフの様子も映っています。

動画公開後、ＳＮＳでのネガティブな反響はほとんど見られませんでした。宮崎牛で制作した赤富士に対する取材が相次ぎ、三大会連続で内閣総理大臣賞受賞、三連覇を果たしたことが全国に広く伝わることになりました。

インパクトある表現をつくるだけでなく、その表現の舞台裏、その後の対応をメイキングコンテンツとして公開したことで、ＳＮＳでの好意的な評判形成にもつながった事例です。

事例4　ピュアボックス「ぼくは知ってるよ。」@岡山県

知られざるペットフードの世界

岡山にあるドッグフードの製造・販売を行うピュアボックスが展開するドットわんのブランドを伝える動画制作の依頼がありました。

「富裕層向けのドッグフードだと思われていて」

ドットわんが掲げるのは、自然食ドッグフード。

天然素材をそろえ、製法にもこだわっているので一般的なドッグフードより高めの値段設定になります。

価格を考慮すれば富裕層に向けた商品というポジションを築いていくことも選択肢のひとつ。でもドットわんの想いは違いました。

飼い主ではなく、犬に向けて素材や製法にこだわった結果が自然食ドッグフードであり、日本に住むすべての犬を〝食〟で健康にしたいというのがドットわんの想い。

産地のわかる食材で余計な添加物を入れずに、食材の持つ生命力を活かして、人間が食べるものと同じものをさまざまな技術で加工してつくる。餌ではなく、犬の食事を提供したいのだと。

日本ではペットフードの原料や添加物、製法までを細かく表示する必要がないことも教えてもらいました。

鶏肉と表示すれば、それがどこ産のものとまでは書かなくてもいいし、これだけ与えておけばＯＫ！　と書かれているドッグフードも、栄養素はどんなものをどんな状態で混ぜ込んでいるのか記さなくていい。もちろん、それぞれの会社は国の安全基準を守って製造、販売しているのですが、ドッグフードの知られざる世界をたくさん知りました。

割高だけど納得できる「きちんと見える」ドッグフードをつくりたくてドットわんを立ち上げたのだと語ってくれた社長。それを聞いたとき、余計なものを入れない企画で、ドットわんのつくるドッグフードの製造工程をストレートに見せたほうがいいと思いましたが、すぐに考え直しました。

それでは愛犬家を責めることになる。

家族のようにかわいい犬に進んで粗悪品を与えようとする飼い主はいないはずで、しかも与えているのは公の基準を守って販売されている商品。あなたが今与えている商品と違ってドットわんの原料、製造工程はここまでこだわっていますよ！　というオチになると、結果的には比較広告のように他の商品を否定して、自分たちは優等生ですと語ることになる。

それを見せられた飼い主は、これまでの自分のことを責めるのではないか？

まず飼い主に現実に自ら気づかせることが大切だと考え直しました。

コンセプトは、ドッグフードに対する中関与の打破。

愛犬の健康が大事なのは、ほとんどの飼い主にとって疑いようのないこと。好んで不安なものを与える飼い主はいないと思うので、売っているものなら安心でしょ？　というくらいの関心はある。

けれども、正直それ以上の関心はないことがほとんど。言うなれば中関与の状態が大多数だと想像しました。当初考えた競合との比較を想起させる内容は、SNSにおいてはマイナスに働く可能性があり、ドットわんへの共感醸成につながらないと判断しました。

ECを中心に事業展開する企業の場合、WEB上での評判形成には注意が必要です。

飼い主が思い至る導線をつくる

このように考えて、数分のシンプルなアニメーション動画、「ぼくは知ってるよ。」をつくりました。

物語は4人家族に飼われている犬の目線で進行します。

愛犬の前だと思わず胸の内をさらけ出してしまうことってありますよね？　直接は言わな

マオちゃんの好きな　男の子の顔

ぼくは　知ってるよ

パパさんも　ママさんも　マオちゃんも　ケンちゃんも

短編動画「ぼくは知ってるよ。」

いけれど、それぞれの家族がそれぞれに家族思いであるエピソードを「ぼくは知ってるよ」と愛犬の語り口で重ねていきます。

でも、そんな犬にも疑問が湧きます。

家族の食卓シーンの後、自分の食事であるペットフードを目の前にして語ります。

「ぼくは知らないよ。自分が何を食べているのか」と……。自分が何を食べているのか、家族のみんなは知っているのかな？　でもおなかが空くから食べるよ、と続きます。最後は家族が自分を大切に思ってくれていることに感謝を伝えます。

あなたは知っていますか？
愛犬が何を食べているのか
食材から調理法まで、全て答えられるドッグフードがあります。
自然食ドッグフード ドットわん

というメッセージで締めています。

愛犬のいる生活をほのぼのと描きながら最後に疑問を投げかける構成です。愛犬家を責めずに、ドッグフードに対して自然と関心を呼び起こすにはどのような展開であるべきかを、

短編動画「ぼくは知ってるよ。」

悩みながら考えた企画です。

動画はＳＮＳでの展開がメインだったのでその中でどのような反応が起きるかを自分なりに頭の中でシミュレーションし、不安要素を消した中で企画をしています。これはネガティブチェックのように聞こえるかもしれませんが、そうではありません。

できた企画に対して不安要素を消すのではなく、企画する前にまずマイナス評判が少なく受け入れられやすいフィールドを見つけること。

その中で企画し、そこを土台にどれだけ強く高いクリエイティブジャンプを飛べるかを模索していく作業です。

過激な表現や自虐的などネガティブなもののほうがＳＮＳではハネやすい！ という意見もありますが、決してその限りではないと思います。ある意味、正攻法、落ち着いたものでも文脈の導き方でＳＮＳでの強い波及効果を生むことにつながる。

柔能く剛を制す。

ＳＮＳを活用したプロモーションでは目立つことを目的に強い表現を求めがちになることも多いのですが、自治体や地域企業への共感を醸成することを意識しながら、柔らかさで強く心に残す道を探ることも大切です。

クリエイティブなこぼれ話　その４

見積もりは
こうしてつくる

見積書は正当な対価を得る第一歩

日本ではアイデアやデザインに対する価値が低い傾向にあると、序章でも書きました。

地域のクリエイターでも対価をわかってもらうのに苦労している人は多いのではないでしょうか。

そう思いつつもクライアントから相談があると、「とりあえず企画書つくって持ってきます！」と言っていたりしませんか？

気持ちはよくわかるのですが、それでは自分で自分の首を絞めることになります。

クリエイティブワークでもっとも大切になるのはコンセプトメイキング、そしてそれに基づくアイデアです。

言いかえれば、プレゼンテーションの際の企画書こそが価値の詰まった知的生産物で、クリエイターのもっとも大切な商品です。

対価の話もできていないのに企画書を持って行っても、担当者が気に入らなければ、その作業プロセスの価値はゼロになってしまいます。

自主プレゼンという形で企画を持ち込むこともありますが、それだけでは日常のビジネスは成り立ちません。

僕もオリエンで話を聞く中で、その場でアイデアを思いついて話したい衝動に駆られることもあるのですが、そこはグッと堪えています。

アイデアこそがクリエイターの商品だからです。

正当な対価を得ていくための第一歩は、事前に見積もりを提出すること。その見積もりが承認されない限り、思考作業をしないこと。製造業などのビジネスフローと同じで、まずは作業仕様を固めましょう。

とても当たり前のことのように聞こえますが、僕のいた広告業界、クリエイティブ業界はどうもこの取り決めが甘いらしく、独立してからお世話になっている税理士さんからは、作業前に契約書や作業仕様書を交わさないことなど、商習慣のゆるさに驚かれました。

クリエイティブ作業に対して、正当な対価を得るためはもちろん、自分たちがどんな作業をしているかを理解してもらうためにも、事前に作業見積書を提出しましょう。

見積書のつくり方

見積もり書の項目はクリエイターによっても違うと思いますが、僕の会社の場合は、

・パッケージ企画開発費
・動画企画開発費
・特設サイト企画開発費
・SNSプロモーション施策企画開発費

などの納品物を大項目にし、それぞれに対して、

・クリエイティブディレクション費
・コピーライティング費
・アートディレクション費

・デザイン費
・プランニング費
・クリエイティブプロデュース費

などの技術人件料を書くようにしています。

技術料は担当クリエイターに紐づくものなので、

・クリエイティブディレクション費

（田中淳一）

などとしています。

企画開発した事案とそこにかかる技術人件費、担当者を明記する。

美容室と同じです。カットなのか、パーマなのか、髪染めまでやるのか、そして、どの美容師を選ぶかによって技術人件費は上下する。

以上は納品物が明確な場合ですが、課題だけを提示されてそれに伴うどんな施策がいいかを含め全体プランを提案してほしいというケースも最近は増えています。その場合は全体プランの企画開発なので、

・新商品プロモーションプラン企画開発費

などとして、そこに関わるクリエイティブディレクション、コピーライティング、プランニングなどの技術人件費を一式と表記することが多いです。

その提案の中からクライアントが何を選択するかを決め、次は納品物ごとの作業見積書に移行します。

全体プラン策定の場合、どんなスタッフを入れて提案書をつくるべきかは課題を受けたクリエイティブディレクター、もしくはクリエイティブプロデューサーが判断します。

クリエイティブプロデューサーとは、クリエイティブワークフローにおいて、スタッフ、予算、スケジュールを管理する役割の人です。映画業界のプロデューサーに近いと思います。

映画制作に当てられる予算の中で、どんなキャスティングや美術を組めるか、それを何日で撮り終えなければいけないかなど全体の進行管理の指揮をとる。

クリエイティブディレクターとクリエイティブプロデューサーは、映画で言えばスタジオジブリの宮崎駿監督と鈴木敏夫さんのような関係。IT業界だとプロジェクトマネージャー、建設業界だと現場監督と同じ役割だと思います。

見積もりの書き方について知ったように書いていますが、僕も普段の仕事ではPOPSのクリエイティブプロデューサーが取りまとめています。

地域の場合は、クリエイティブディレクターがクリエイティブプロデューサーの役割も兼ねていることが多いと思うので、そこは大変だと思います。

できればアイデアを開発する人、全体の進行管理を担う人を分けたほうがクオリティの面でも、リスクヘッジの面でもベターですが、そこは各々の事情に合わせてください。

技術人件費については、欧米では各クリエイターの1時間当たりの単価が決まっていて、費やした時間をクリエイティブプロデューサーがカウントして請求するシステム（フィー制度といいます）が主流と言われますが、さすがにそこまでするのは難しいと思います。

とは言え、作業によって費やす時間がどれくらいになるかを目安にしながら、金額を算出しましょう。

『広告制作料金基準表』という広告制作の料金体系の目安が記されている本もあるので、それを見て参考にするのもいいと思います。

クライアントへの説明の仕方、交渉の仕方

「企画費は項目として認められない」

広告会社時代、あるクライアントからそんな話をされたと担当営業に聞いたことがあります。

おそらく、その会社では成果物に対してのみ対価を請求できるルールなのだと思うのですが、個人的には日本企業の悪しき商習慣だと思います。

今やアイデアや新しいルールづくりこそがイノベーションの源泉であり、高い価値を生む時代。世界全体がますますそちらに舵を切っていく中で、アイデアの価値を認めないと、経済活動において後れをとっていくことになるのは確実です。

と言いながら、このような前説を見積もり交渉で毎回行うのは、なかなか大変な作業です。

ですから、まずは自分たちが与件に対して行う作業項目とそれに伴う技術人件費をしっかりと説明しましょう。この企画作業にどんな技術を持っている担当者が関わっているかを、なるべく見える化できるといいと思います。

可能なら、自分たちの技術料をある程度決めておくのもいいかもしれません。クライアントからすればクリエイティブは値段がわかりにくいというのも理解できるので、それこそ美容室方式でネーミング開発、○○円、新商品プロモーションプラン開発費、○○円などおおよその基準料金表をつくっておけば、クライアントも発注しやすくなります。

その場合、作業する中身もある程度、指標を決めておくほうがいいと思います。ネーミングやロゴであれば○案程度、動画企画であれば○案程度などあらかじめ伝えておいたほうが、修正が入った場合や、追加の提案を求められる際にもめごとが起きにくくなります。

お金のことでもめるのは僕も本当に嫌です。

なので作業に入る前にある程度の作業ボリュームも提示し、金額を合意をした上でクリエイティブワークに取りかかる。

僕も含めてクリエイターはどうもこの部分が苦手な人が多いのですが、お互い気持ちよく仕事をできる環境を整えることも、いいアウトプットを納品するためにはとても大切なことです。

終章

地域でクリエイティブをなりわいとするために

僕が地域のクリエイターとチームを組んで制作する理由

これまで紹介してきた事例のほとんどは、地域在住のクリエイターと組んで仕事をしたものです。コピーライター、アートディレクター、デザイナー、映像制作会社、カメラマン、スタイリスト、ヘアメイク、アーティスト、俳優など職種は多岐にわたります。今では僕なりに、全国各地にいろんなジャンルで信頼できるクリエイターとのつながりがあります。ですが会社を立ち上げたときからそうしようと思っていたわけではありませんでした。

２０１４年に地域の仕事をメインにしていこうと独立した当初は、どちらかというと東京のクリエイティブリソースを地域に持ち込もうと考えていました。僕がクリエイティブディレクターとして立ち、これまで大手クライアントの仕事でつながりのある東京の映像制作会社やデザイン事務所、クリエイターに声をかけ、チーム編成をして地域の仕事を形にしていく。

「地域の仕事だからお願い！」

そんな決まり文句をよく言っていた記憶があります。

地域で活躍する方々は嫌な気持ちになるかもしれませんが、日本はまだまだ東京と地域のクリエイティブ格差が大きいと思います。広告だけでなく、映画や音楽など含め映像やデザインに大きな投資をする仕事は、東京に集中しています。そのため、クリエイティブ人材も東京にかたよっている。クリエイティブ人材を養成するための大学や専門学校などの教育機関も同様です。

僕自身も、自分の企画を自分が思う形で地域に届けるには、気心の知れた東京のスタッフと組んでやるほうが早いし、品質管理もしやすいと考えていました。

その時点では、地域のクリエイティブ人材とのつながりもほとんどなく、そのポテンシャルも知らなかったからです。

一方で、東京のクリエイターには無理をさせていました。

地域の仕事は東京の大手企業の案件と比べるとかけられるコストは半分以下であることがほとんどです。その中で東京から地域への移動費や機材レンタル費などをまかなうと、しわ寄せが来るのは人件費。クリエイティブ産業は人件費がメイン。その人のクリエイターとしてのスキルを時間単位で買う。人によって時間当たりの単価は違ってきます。おすし屋さんにたとえるのも失礼ですが、松竹梅、どれを選びますか？　という話です。

東京で時間もお金もかけさまざまな技術や知識を身につけて、業界的にも名が知られてよい値段で自分が売れるようになっている人たちに、

「地域の仕事だからお願い！」

と免罪符のように言っていました。

そして、この言葉の前には「お金ないけど」という枕ことばがついている。

いろんな意味で無理をさせていると気づくまでに、そう時間はかかりませんでした。

「楽しそうな企画でしょ？　お金ないけど、地域のためだしやってよ！」

クリエイターという人種は面白い企画を実現したがる特性がありますが、それにも限界があります。僕らはクリエイティブスキルで生計を立てている。東京は事務所経費も高いし、地域に比べたら生活費もかかります。極端に言えば、僕のやりたいことのためにみんなに無理強いをしている可能性がある、というか、確実にそうでした（汗）。そもそもビジネスとして成り立っていない。ビジネスとして成り立たないのであればこのやり方は続かない。

同時に気づいたのは、クリエイティブで地域を活性化しようと思って起業したけど、ひとりでやれることなんてたかが知れている。ならば〝地域のクリエイティブを活性化させる〟ことこそが、その近道だと。これは盲点でした。

地域にクリエイティブディレクターを増やしたい

繰り返しになりますが、一概にすべての面で東京のクリエイターのほうが優れているとは思いません。一緒に仕事をして、プロとして申し分のないコピーライターやアートディレクター、カメラマンなどが地域にたくさんいることに、僕自身驚き、刺激を受けてきました。

ただし、クリエイティブディレクターとなると、まだまだ人材不足。そもそも名乗る人も少ないのが実際のところ。地域の課題を発見し、その課題をクリエイティブで解決していくクリエイティブディレクターを増やしていくために、地域のクリエイターと組んで仕事をしていくことが大事なきっかけづくりになると考えています。

もちろん東京のクリエイティブのワークフローがベストだとは思いません。地域の仕事をしてみて、東京でやっていたことに無駄な部分がたくさんあると気づかされました。ただ、クリエイティブディレクターはその時点での最適解を提供するのもミッションだと僕は思います。クリエイティブのフルコースもわかった上で、ケースバイケースで何を省くかをディレクションできたほうがいい。要望、予算、時間を考慮した上で、なるべく多くの選択肢の中からベストを選べるといいと思います。

「こんなやり方をするんですね」

一緒に仕事をした地域のクリエイターからよく聞く言葉ですし、僕自身も彼らから気づきを得てよく発する言葉です。

地域をクリエイティブで活性化するには、まずは地域でクリエイティブをなりわいにする人たちが増えていくことが重要です。その中で、無理を強いることなく東京や他の地域のクリエイターと交わっていく。そうすると相互に刺激し合い、それぞれのクリエイターのスキル向上にもつながり、自然とクリエイティブディレクターも増えていく。
その一助になるように、僕も積極的に地域のクリエイターとチーム編成をしています。

地元に力のあるクリエイターが育つことを、地域ものぞんでいる

日本は東京と地域とでクリエイティブ格差があると言いましたが、地域で仕事をしていると、東京から著名なクリエイターを呼んですべてをゆだねた話（いわゆる丸投げ）もたまに耳にします。僕はこういう依頼の仕方をあまりいいとは思いません。地域の課題解決は、できれば地元のクリエイターがやれるのが理想だと思います。

地元のクリエイターならば、地域の実情をわかっていて課題を共有しやすいだろうし、コスト的にも頼みやすいと思います。その地域で暮らしているクリエイターだからこそ、地域性を表現できることもあります。

この本の最初で話しましたが、日本の地域も、地域のものづくりも、多種多様で優れた魅力にあふれています。でも、圧倒的に伝え方のプロが不足している。それによって地域が豊かになるチャンスを喪失しているのが、日本の地域の現状だと思います。

これからますますものづくりだけではなく、ものがたりづくりで差がつく時代になるのは間違いありません。その中で、地域で活躍するクリエイターの量も質も高めていくこと、地

域に力のあるクリエイティブディレクターを増やしていくことこそが、地域を明るい未来につなぐ大きな解決策になります。

そのためにはクリエイターのみなさんだけではなく、自治体や地域企業経営者の意識改革も必要ですが、まずはクリエイター自身が地域の課題を解決し、未来を切り拓いていく存在だということを自覚してほしいのです。

地域の難題の解決のため、より新しい刺激を生むため、外からの視点を活用するために、地元のクリエイターが東京や他の地域のクリエイターと共創していくことも、今後は増えていくと思います。

それぞれのクリエイターはライバルでもあり、仲間でもある。いい意味で緊張感のあるクリエイターネットワークが日本中に広がっていくことで、地域はもっと豊かになると信じています。

印刷会社のデザイナーがデザインだけで対価を得られるようにしたい

「印刷を発注してくれたら、デザインはサービスします」

地域の印刷会社の〝営業トークあるある〟です。テレビ局では出稿したら、テレビCM素材はサービスで制作しますというつわものもいるらしい。

最初に聞いたときはびっくりしました。

その営業手法を否定しているわけではありません。デザインや映像などのクリエイティブコンテンツがおざなりになっている現状が問題だと思っています。極端に言えば、印刷物として出回ること、CMとして露出されることが目的になっていて、伝えるべきクリエイティブコンテンツは安ければ安いに越したことはない、というふうにも聞こえる。

もちろん、印刷会社のデザイナーやテレビ局の制作チームも請け負ったからには一生懸命考え、プロとして納得いくものを納品していると思います。ただ、自分のやっているクリエイティブワークが付帯のサービス作業ととらえられていると、そこへの気持ちの入れ込み方はどうでしょう。気持ちのゆるみが生まれる可能性がないでしょうか。そうなると、課題を解決するクリエイティブになっていくか、投資に見合うプロモーションになるか雲行きがあやしくなります。

これはクリエイターよりもクライアントに伝えるべきことかもしれませんが、どんなに露出してもそこにのせる中身（コンテンツ）が適していなければ、その投資は無駄になると思ってください。一時的に認知は向上するかもしれませんが、もしそれが間違った伝え方であったり、どこかと似たようなコンセプトや表現だったりしたら……。そこに費やした時間や費用、商品自体のポテンシャルさえそいでしまうことになりかねません。

そもそも大切なのは何を伝えるか、伝わった後に態度変容が起きるかであって、単に伝えたという事実ではありません。課題を解決できるか、生活者に伝わるかどうかは、そんなに簡単なことではないのです。

印刷会社に所属しているアートディレクター、デザイナーがアートディレクションフィー、デザインフィーをクリエイティブ作業の対価として適正に請求していくことは、地域のクリエイティブを活性化させ、結果的に自治体、地域企業の課題を解決し、その地域の価値を向上させることにつながっていきます。クリエイターが地域の経済活動を発展させる重要な存在、必要不可欠な人材として認められていくことが大切です。

アイデアやデザインに対する価値が低いのは地域だけではなく、日本全体の問題だと思います。逆の言い方をすれば、クリエイティブの価値に気づいている企業だけがいい思いをしているのが現状と言ってもいい。

知ってる人だけ、得をしている。

この状況、個人的にはすごく嫌です。言い方は悪いのですが、聡《さと》い人だけがいい思いをしているというか……。どちらかというと東京にはそういう人が多くて、地域の人は知らないまま損をしている印象があります。ちょっと言いすぎですが（笑）。

そしてもっと視点を引いて世界から見れば、日本全体がそのような状況にあるのです。

ものづくり大国として世界をリードした日本が今や、世界的なブランドランキングなどで後塵《こうじん》を拝しているのは、クリエイティブの力を活用しきれていないことが大きな要因のひとつだと思います。

地域のクリエイターも自分たちの価値をアピールし、適正な対価を得られるように交渉をしていく。そのために自分たちのスキルを磨き続けることが大切です。

アイデアやデザインこそが、地域ビジネスや地域からの情報発信のコアバリューをつくることにつながります。そこに投資をしなければ、これからの時代を生き抜いていくことがますます厳しくなると、クリエイターもクライアントも意識してほしいと切に願います。

地域にクリエイティブの土壌を耕したい

少し厳しい言い方になりますが、地域はまだまだ伝え下手です。だからこそ、地域はクリエイティブの力で活性化する伸びしろは十分にあると思っています。

47都道府県、1700超の市町村、そこにあるあまたの地域企業や生産者団体などすべてが自分たちの個性や想いをきちんと伝えることができれば、地域から日本全体は元気になっていく。

ただし、そこには超情報過多な時代環境を乗りこなす情報発信のプロ、共感経済と言われる時代に理性だけでなく感情で生活者をひきつけ地域課題を解決していくプロが必要不可欠。その役割を担うのがクリエイティブディレクターです。

クリエイターとしてコピーを書く、デザイン作業をするなどといった作業領域を超えて、地域の課題をクリエイティブで解決できるメソッドやスキルを身につけ、俯瞰《ふかん》から全体を最適化しクリエイションするクリエイティブディレクターこそが地域に必要です。

クリエイティブディレクターの思考作業は、水をろ過する地層のようだと思います。さまざまな種類の土壌が折り重なった豊かな地層を通ってきた水は、高純度の一滴となる。

頭の中にある思考の地層が個性豊かな層で幾重にも重なっていればいるほど、与えられた課題はじっくりとろ過され、純度の高い一滴のクリエイティブとなり人々を魅了する。僕自身、自分の思考の地層を豊饒にすることをいつも意識しています。

着想、企画、定着という3つのステップの中にも案件ごとにさまざまな思考作業が加わってきます。それらをていねいにひとつずつ超えた先に、効力ある答えが生まれる。

クリエイティブで地域の課題解決をしていくことをコンセプトにPOPSを立ち上げて7年あまり。現在まで38都道府県で自治体や地域企業・団体などの案件を多数手がけてきました。広告会社時代も相当案件数は多いほうだったと思うのですが、たぶん比べものになりません。

でも、やってみて年々思うのは、ひとりでやれることはたかが知れているということです。そして、地域に同じような意識で仕事をする仲間が増えれば、加速度的に地域の魅力発信は進んでいくと確信しています。

限界集落。

僕が嫌いな言葉のひとつで、地域をクリエイティブで元気にしていきたいと意識するようになったきっかけの言葉です。

地政学的に見ると、近い将来、人がいなくなり消滅してしまう恐れのある集落。日本の未来を憂い、そこへの気づきを示唆するためにつくられた言葉だとはわかるのですが、そんな名前にカテゴライズをされた場所に住む人たちはどんな気持ちになるのだろうと、勝手に憤り、悲しくなったのを覚えています。

地域で暮らす人の未来を明るくしていく術は、確実にたくさんある。

地域が培ってきた自然、伝統、歴史、文化、ものづくり、人の営み。そのどれもが大きな可能性を秘めている。

足りないのは伝え方。

地域に適切な情報発信が加えられれば、地域に限界なんて来ない！　本気でそう思います。

地域産品を売ること、観光、移住定住など含め、これからの地域経済を動かす鍵はクリエイターだと僕は思います。理性で世の中や地域の情報を冷静に分析しながら、感情に訴えかける解決策へと昇華できるプロフェッショナル。

地域にはそんなクリエイティディレクターがまだまだ足りていない。この本を読んだみなさんと一緒に一歩ずつでも着実に地域にクリエイティブの土壌を耕していければと思います。

おわりに　なぜ、地域のクリエイティブ仕事をするようになったのか?

広告は本当に社会の窓?

僕は高校生まで宮崎県延岡市で育ち、早稲田大学第一文学部に入り、映画やドラマ、歌舞伎や能、舞踏などの表現技法、演出論を学ぶ演劇専修を卒業、広告会社に入社しました。消費を楽しくすることで、世の中を楽しくしたい。

入社したときの志望動機です。東京に来て暮らし始めたときのスーパーやコンビニでのシステマチックな購買体験。便利でスピーディーなんだけど、宮崎で感じてたような小さなお店での人とのつながりが薄くて何か寂しいなと思ってました。

それなら消費に介在している広告を楽しくすれば、世の中全体に楽しい時間が増えるのでは?　そんなことを考えてました。自分の生きている時代は自分で楽しくしたい、昔からそんなことを考えていた気がします。

入社後は、希望どおり営業部に配属になり、7年間、百貨店や情報通信企業、テーマパークなどのクライアントを担当し、その後、仕事の中でクリエイティブという職種を知り、転部試験を受けて30歳でコピーライターとしてクリエイティブ部門で働き始めました。クリエイターとしては少し遅いスタートでしたが、営業でクライアントと日常的に向き合った7年間は今でも糧になっています。

クリエイティブに配属になってからは、化粧品、ゲーム、金融、車、飲料、食品、通信、ＩＴ系、官公庁などほぼ全業種の企業広告や商品プロモーションを担当し、38歳でクリエイティブディレクターになりました。コピーだけでなく、ＣＭのプランニング、平面の企画なども自分で考えることが多かったと思います。

そのうち毎年のように広告賞を受賞し、国内外の広告賞の審査員をつとめたりし、会社の看板的な仕事を任されるようになりました。

40歳。いわゆる、広告クリエイターとして脂が乗ってきた時期。

２つの大きな出来事が起きました。

ひとつは、２０１０年に故郷の宮崎県で発生した牛の口蹄疫《こうていえき》。

その頃はクリエイティブディレクターとして毎日、朝から深夜まで打ち合わせ、企画、プレゼンテーション、撮影や編集などの制作業務を何本も同時並行で抱えていました。今なら完全にアウトなブラックな日々。ただ、それでも才能あふれる旬なタレントやスポーツ選手を起用したり、海外で撮影をするなど大きな予算のある全国区のナショナルクライアントの企業広告や新商品のプロモーションを任せてもらうことにクリエイターとしてのやりがいを感じていたのも事実でした。

ある日、いつものように深夜にタクシーで帰宅し、一息つく時間につけたテレビに映っていた故郷、宮崎で発生した牛の口蹄疫のニュースにくぎ付けになりました。丹精込めて育てた牛たちを殺処分する畜産家の人たち、防護服を身にまとい行き交う車に消毒剤を噴霧する人たちなど。仕事に忙殺される中、何年も帰ってなかった自分の故郷で今、起きている現実を目の当たりにしました。

広告は社会の窓。

新卒で入社した頃、先輩から聞かされた言葉。目の前で流れている故郷の姿と、自分が昼夜問わず取り組んでいる仕事。ものすごく遠く離れているように感じて。広告は本当に社会の窓なんだろうか？　そんな疑問が頭をよぎりました。自分のしている仕事と社会との距離感をつかみきれずに胸がざわざわしたのを覚えています。

CMなんて、広告なんて、世の中になくっても誰も困らないんだ。
自分が懸命に培ってきた職能って、何の意味があるんだろう

そして、もうひとつは２０１１年に起きた東日本大震災。

震災が起きた後、時に徹夜したりしながら時間と熱量を費やし自分たちなりに懸命につくってきたテレビＣＭが次々と放映中止になり、ＡＣ ＪＡＰＡＮのＣＭに置きかわりました。街を彩る電飾看板も消え、ポスターなどの交通広告もはがされていきました。自粛ムードの中、それでも世の中は日々進んでいく。

ＣＭなんて、広告なんて、世の中になくっても誰も困らないんだ。

自分が懸命に培ってきた職能って、何の意味があるんだろう。

そんなことを突きつけられている感覚になり、強い無力感を抱いたのを覚えています。救助するのは消防や自衛隊の人、けが人の手当てには医師や看護師、がれきを片づけるのは建設業の人、炊き出しは料理人など。大震災という一大事に職能が必要とされている人たちを見て無性に焦がれました。クリエイターという職業は人々が生きていく上で何の役にも立たないのでは、そんなことを感じ、ひどく落ち込みました。

そんな中、ひとつのプロジェクトに一員として関わりました。〝てをつなごうだいさくせん〟。キャラクターやアニメーション制作を手がけるドワーフの合田経郎さんが発起人となり、日本だけでなく世界中の人気キャラクターたちが手をつなぐ姿を見せることで被災地の子どもたちを勇気づけようと始めたプロジェクト。

ちょうどその頃、別の案件でドワーフと仕事をしていた僕は、そのプロジェクトを知り、その意義に深く共感しました。被災地でつらい想いをしているのは大人たちだけじゃない、子どもたちはうまく言葉にできずにつらい想いを抱えたまま日々をすごしているかもしれない。

震災から数カ月経った頃から、公共機関や企業などさまざまな被災地支援のプロジェクトやクリエイティブがテレビや交通広告、SNSなどにあふれていました。インターネット上のオウンドメディアなどを中心に発信していた〝てをつなごうだいさくせん〟には、そうそうたるキャラクターが参加していたのですが、すべてクリエイターたちの手弁当で実施していたため、まだまだ知られていないと感じたのも事実です。何よりも、いちばん届けたい被災地の子どもたちに触れてもらえる環境をつくることが大切だと感じました。

そこから合田さんやドワーフのメンバー、当時つとめていた広告会社の有志たちと相談を重ね、大きな被害を受けた三陸鉄道に世界中の著名なキャラクターたちが手をつないだビジュアルを施した〝てをつな号〟というラッピング電車を走らせ、告知ポスターをつくり、このプロジェクトに共感したアーティストが〝てをつなごう〟という歌もつくってくれて、アニメーションと現地での映像を使ったミュージックビデオをＹｏｕＴｕｂｅ上で公開しました。

一連の制作作業については、これまで仕事のつきあいのあるところも含めていろんな関係各所に意義を説明してお願いに回り、映像制作もデザインもラッピング作業もお金をかけずにすべてボランティアでまかないました。クリエイティブで被災地の人にできることがあるかもしれない、被災地の子どもたちのためであることはもちろん、自分の職能の意味を自分なりに見つけるために、なりふりかまわず必死でした。

震災から約1年後の2012年4月。一部区間での折り返し運転が再開した岩手の三陸鉄道。朝夕、1両ずつ〝てをつな号〟が走ることになり、試運転の日、僕も現地に赴きました。車両に乗り、ちょうど被災した方たち向けの仮設住宅のあたりをゆっくりと走行していたときのことです。〝てをつな号〟に気づいた小さな女の子とお母さんが家から出てきて、こっちに向かって大きく手を振ってくれました。しかもとびきりの笑顔で……。

このときの光景は、今でも脳裏に焼きついていて忘れることができません。

ありがとうございます。

被災地の子どもたちに勇気を届けようと思ったのに、僕らのほうがその笑顔に心から勇気をもらいました。がれきを片づけたり、被災した人たちの手当てをするのは得意ではないけど、気持ちをほぐして笑顔になってもらうことは、クリエイティブにも担えるかもしれないと感じることができた瞬間でした。

その後、SNS上で〝てをつなごう〟のミュージックビデオも広がり、メディアでも〝てをつな号〟がたびたび取り上げられました。当時は、道路や鉄道も不通区間が多く東京から三陸鉄道まで約8時間かかるくらい大変だった中、この地を勇気づけようと全国から多くの人たちがこの電車を目当てに訪れてくれました。クリエイティブをきっかけにして地域に人の流れをつくり出すことができる。これまで大手企業の商品プロモーションやブランディングを中心に多額のメディア費を投入し、主にお店に人を導くための案件のクリエイティブワークを手がけてきた自分にとっては新鮮な経験でした。

２０１０年の故郷、宮崎で起きた口蹄疫、２０１１年の東日本大震災を経験し、クリエイティブという職能がもっと必要とされる場に身を置きたいと思うようになりました。

地域にこそクリエイティブだからできることがある、クリエイティブで今の地域の状況を好転させるお手伝いができる、自分の中で腹落ちした目標を得たことで地域のクリエイティブを中心に仕事をしていくことを決めました。

２０１４年12月にＣｒｅａｔｉｖｉｔｙ ｆｏｒ Ｌｏｃａｌ，Ｓｏｃｉａｌ，Ｇｌｏｂａｌを掲げ、ＰＯＰＳを設立。今ではスタッフも増えて、38都道府県で自治体、地域企業、生産者団体などの地域ブランディング、商品プロモーション、商品開発、クリエイティブコンサルティングなどをやっています。

最後になりますが、この本を書くにあたって企画の段階で僕の想いを体系立てて整理していただいた宣伝会議の刀田聡子さん、本当にありがとうございました。また、最後まで伴走していただいた宣伝会議の篠崎日向子さん、上条慎さん、編集の小田明美さん、装丁を担当していただいた同じ宮崎県出身で僕も尊敬するアートディレクター日髙英輝さんにも深謝します。そして、今回の企画の趣旨を理解いただき、掲載を快諾していただいた本書に実例で登場する自治体や企業のみなさんにも、厚くお礼申し上げます。

クリエイティブが地域を明るい未来へと導くともしびになることを願って。

２０２１年12月

クリエイティブディレクター　田中淳一

田中淳一（たなか・じゅんいち）

POPS
クリエイティブ・ディレクター／
東北芸術工科大学客員教授

宮崎県延岡市出身、早稲田大学第一文学部演劇専修卒業後、
旭通信社（現ADK）入社、営業本部を経て
制作本部（コピーライター）に転属。
38歳でクリエイティブ・ディレクターに就任後、
ほぼ全業種の企業ブランディング、商品プロモーションを担当。
2014年にCreativity for Local, Social, Globalを掲げPOPS設立。
松山市、鳥取市、今帰仁村、登米市、高知県など38都道府県以上で
シティプロモーション、観光PR、移住定住施策などの自治体案件や
地域企業、NPO団体のクリエイティブ・コンサルティング、
企業ブランディング、プロモーション、商品開発などを手がける。
グッドデザイン賞受賞展2015〜17クリエイティブ・ディレクター、
YKKや東京都MICE誘致などのグローバルプロモーションや
観光庁、文化庁事業のコーチなども務めている。
ACC TOKYO CREATIVITY AWARDS、毎日広告デザイン賞、
消費者のためになった広告賞、SHORTSHORT FILM FESTIVAL&ASIA、
SPIKES ASIA、ADFSET、NY Festivalなど国内外で50以上の受賞歴。
FeelMore50（最も消費者の心を動かしたグローバル広告ランキング2017）にて
「Global Top 50」2位、「Asia Pacific」1位の記録や
手がけた短編動画がトロント国際映画祭に公式招聘されるなども。
国内外クリエイティブアワードの審査員歴、
自治体や企業、教育機関での講師歴多数。

Mail:info@pops-inc.jp
HP:https://pops-inc.jp

地域の課題を解決する
クリエイティブディレクション術

発行日　2021年12月28日　第1版第1刷
2023年10月 3 日　第1版第2刷

著　者　田中淳一

発行者　東彦弥

発行所　株式会社宣伝会議
〒107-8550
東京都港区南青山3-11-13
新青山東急ビル9階
TEL：03-3475-3010(代表)
URL：https://www.sendenkaigi.com

印刷・製本　株式会社暁印刷

ISBN: 978-4-88335-529-7

宣伝会議の書籍

ブランデッドエンターテイメント
お金を払ってでも見たい広告

カンヌライオンズ審査員 著、PJ・ペレイラ 編、
鈴木智也 監修・訳

「広告が見られない時代」に生まれた新しい広告の形、「ブランデッドエンターテイメント」。世界の広告・メディアのスペシャリストが豊富なケーススタディと共に解説する、「広告の未来」を担う人たちへの参考書。

定価2420円（税込） ISBN 978-4-88335-499-3

プレイフル・シンキング
【決定版】働く人と場を楽しくする思考法

上田信行 著

「仕事に真剣に取り組むときに起こるドキドキワクワク感」。それが本書が定義する「プレイフル」。オフィスや学校などで直面する様々な課題も、プレイフルに働くことで解決できる。それこそが真の働き方改革であり、楽しさにこそ仕事の本質がある。

定価1760円（税込） ISBN 978-4-88335-493-1

見通し不安なプロジェクトの切り拓き方

前田考歩・後藤洋平 著

ルーティンではない活動すべてをプロジェクトとしてとらえ、工学的なアプローチから成功に導く方法論を解説した前著『予定通り進まないプロジェクトの進め方』の実践編。本書では共通のフォーマット、プロトコルに基づく「仕組み」や「方法」を活用し、未知で困難なプロジェクトを切り拓くための方法を伝える。

定価1980円（税込） ISBN 978-4-88335-490-0

手書きの戦略論
「人を動かす」7つのコミュニケーション戦略

磯部光毅 著

コミュニケーション戦略を「人を動かす人間工学」と捉え、併存するコミュニケーション戦略・手法を7つに整理。その歴史変遷と考え方を〝手書き図〟でわかりやすく解説。各論の専門書に入る前に、体系的にマーケティング・コミュニケーションを学べます。

定価2035円（税込） ISBN 978-4-88335-354-5